# LE CHRISTIANISME DÉVOILÉ, OU EXAMEN DES PRINCIPES ET DES EFFETS DE LA RELIGION CHRÉTIENNE.

*Par* FEU *M.* BOULANGER.

---

Superſtitio error inſanus eſt, amandos timet, quos colit violat : quid enim intereſt, utrùm Deos neges, an infames ?

*Senec. Ep.* 12.

---

A LONDRES.

M. DCC. LXVI.

# TABLE DES CHAPITRES.

Fin de la Table.

# PRÉFACE.

## LETTRE DE L'AUTEUR A MONSIEUR, *****

JE reçois, Monſieur, avec reconnoiſſance les obſervations que vous m'envoyez ſur mon ouvrage. Si je ſuis ſenſible aux éloges que vous daignez en faire, j'aime trop la vérité, pour me choquer de la franchiſe avec laquelle vous me propoſez vos objections; je les trouve aſſez graves, pour mériter toute mon attention. Ce ſeroit être bien peu philoſophe, que de n'avoir point le courage d'entendre contredire ſes opinions. Nous ne ſommes point des théologiens; nos démêlés ſont de nature à ſe terminer à l'amiable; ils ne doivent reſſembler en rien à ceux des apôtres de la ſuperſtition, qui ne cherchent qu'à ſe ſurprendre mutuellement par des argumens captieux, & qui, aux dépens de la bonne foi, ne combattent jamais que pour défendre la cause de leur vanité & de leur propre entêtement. Nous desirons tous deux le bien du genre humain; nous cherchons la vérité; nous ne pouvons, cela posé, manquer d'être d'accord.

Vous commencez par admettre la nécessité d'examiner la religion & de soumettre ses opinions au tribunal de la raison; vous convenez que le Christianisme ne peut soutenir cet examen, & qu'aux yeux du bon sens il ne paroîtra jamais qu'un tissu d'absurdités, de fables décousues, de dogmes insensés, de cérémonies puériles, de notions empruntées des Chaldéens, des Egyptiens, des Phéniciens, des Grecs & des Romains. En un mot, vous avouez que ce système religieux n'est que le produit informe de presque toutes les anciennes superstitions, enfantées par le fanatisme oriental, & diversement modifiées par les circonstances, les tems, les intérêts, les caprices, les préjugés de ceux qui se sont depuis donnés pour des inspirés, pour des envoyés de Dieu, pour des interprêtes de ses volontés nouvelles.

Vous frémissez des horreurs que l'esprit intolérant des Chrétiens leur a fait commettre, toutes les fois qu'ils en ont eu le pouvoir; vous sentez qu'une religion, fondée sur un Dieu sanguinaire, ne peut être qu'une religion de sang; vous gémissez de cette phrénésie, qui s'empare dès l'enfance de l'esprit des Princes & des peuples, & les rend également esclaves de la superstition & de ses Prêtres, les empêche de connoître leurs véritables intérêts, les rend sourds à la raison, les détourne des grands objets qui devroient les occuper. Vous reconnoissez qu'une religion, fondée sur l'enthousiasme, ou sur l'imposture, ne peut avoir de principes assurés, doit être une source éternelle de disputes, doit toujours finir par causer des troubles, des persécutions & des ravages, sur-tout lorsque la puissance politique se croira indispensablement obligée d'entrer dans ses querelles. Enfin, vous allez jusqu'à convenir qu'un bon Chrétien, qui suit littéralement la conduite que l'Evangile lui prescrit, comme la plus parfaite, ne connoît en ce monde aucun des rapports sur lesquels la vraie morale est fondée, & ne peut être qu'un misanthrope inutile, s'il manque d'énergie, & n'est qu'un fanatique turbulent, s'il a l'ame échauffée.

Après ces aveux, comment peut-il se faire que vous jugiez que mon ouvrage est dangereux ? Vous me dites *que le sage doit penser pour lui seul*; qu'il faut une religion, bonne, ou mauvaise, au peuple; qu'elle est un frein nécessaire aux esprits simples &

groſſiers, qui ſans elle n'auroient plus de motifs pour s'abſtenir du crime & du vice. Vous regardez la réforme des préjugés religieux comme impoſſible ; vous jugez que les Princes, qui peuvent ſeuls l'opérer, ſont trop intéreſſés à maintenir leurs ſujets dans un aveuglement dont ils profitent. Voilà, ſi je ne me trompe, les objections les plus fortes que vous m'ayez faites, je vais tâcher de les lever.

D'abord je ne crois pas qu'un livre puiſſe être dangereux pour le peuple. Le peuple ne lit pas plus qu'il ne raiſonne ; il n'en n'a, ni le loiſir, ni la capacité : d'un autre côté, ce n'eſt pas la religion, c'eſt la loi qui contient les gens du peuple, & quand un inſenſé leur diroit de voler ou d'aſſaſſiner, le gibet les avertiroit de n'en rien faire. Au ſurplus, ſi par hazard il ſe trouvoit parmi le peuple un homme en état de lire un ouvrage philoſophique, il eſt certain que cet homme ne ſeroit pas communément un ſcélérat à craindre.

Les livres ne ſont faits que pour la partie d'une nation, que ſes circonſtances, ſon éducation, ſes ſentimens, mettent au-deſſus du crime. Cette portion éclairée de la ſociété, qui gouverne l'autre, lit & juge les ouvrages; s'ils contiennent des maximes fauſſes, ou nuiſibles, ils ſont bientôt, ou condamnés à l'oubli, ou dévoués à l'exécration publique: s'ils contiennent des vérités, ils n'ont aucun danger à courir. Ce ſont des fanatiques, des prêtres & des ignorans, qui font les revolutions; les perſonnes éclairées, déſintéreſſées & ſenſées, ſont toujours amies du repos.

Vous n'êtes point, Monſieur, du nombre de ces penſeurs puſillanimes, qui croyent que la vérité ſoit capable de nuire: elle ne nuit qu'à ceux qui trompent les hommes, & elle ſera toujours utile au reſte du genre humain. Tout a dû vous convaincre depuis long-tems, que tous les maux, dont notre espéce est affligée, ne viennent que de nos erreurs, de nos intérêts mal entendus, de nos préjugés, des idées fausses que nous attachons aux objets.

En effet, pour peu que l'on ait de suite dans l'esprit, il est aisé de voir que ce sont en particulier les préjugés religieux qui ont corrompu la politique & la morale. Ne sont-ce pas des idées religieuses & surnaturelles qui firent regarder les Souverains comme des Dieux? C'est donc la religion qui fit éclore les despotes & les tyrans; ceux-ci firent de mauvaises loix *; leur exemple corrompit les grands; les grands corrompirent les peuples; les peuples viciés devinrent des esclaves malheureux,

* J'ai mis cette vérité dans tout son jour dans mes *Recherches sur l'origine du Despotisme oriental.*

occupés à ſe nuire, pour plaire à la grandeur, & pour ſe tirer de la miſere. Les Rois furent appellés les *images de Dieu*; ils furent abſolus comme lui; ils créerent le juſte & l'injuſte; leurs volontés ſanctifierent ſouvent l'oppreſſion, la violence, la rapine; & ce fut par la baſſeſſe, par le vice & le crime, que l'on obtint la faveur. C'eſt ainſi que les nations ſe ſont remplies de citoyens pervers, qui, ſous des chefs corrompus par des notions religieuſes, ſe firent continuellement une guerre ouverte, ou clandeſtine, & n'eurent aucuns motifs pour pratiquer la vertu.

Dans des ſociétés ainſi conſtituées, que peut faire la religion? Ses terreurs éloignées, ou ſes promeſſes ineffables, ont-elles jamais empêché les hommes de ſe livrer à leurs paſſions, ou de chercher leur bonheur par les voies les plus faciles? Cette religion a-t-elle influé ſur les mœurs des Souverains, qui lui doivent leur pouvoir divin? Ne voyons-nous pas des Princes, remplis de foi, entreprendre à chaque instant les guerres les plus injustes; prodiguer inutilement le sang & les biens de leurs sujets; arracher le pain des mains du pauvre, pour augmenter les trésors du riche insatiable; permettre & même ordonner le vol, les concussions, les injustices? Cette religion, que tant de Souverains regardent comme l'appui de leur trône, les rend-elle donc plus humains, plus réglés, plus tempérans, plus chastes, plus fidéles à leurs sermens? Hélas! pour peu que nous consultions l'histoire, nous y verrons des Souverains orthodoxes, zélés & religieux jusqu'au scrupule, être en même tems des parjures, des usurpateurs, des adulteres, des voleurs, des assassins, des hommes enfin qui agissent comme s'ils ne craignoient point ce Dieu qu'ils honorent de bouche. Parmi ces courtisans qui les entourent, nous verrons un alliage continuel de christianisme & de crime, de dévotion & d'iniquité, de foi & de vexations, de religion & de trahisons. Parmi ces Prêtres d'un Dieu pauvre & crucifié, qui fondent leur existence sur sa religion, qui prétendent que sans elle il ne peut y avoir de morale, ne voyons-nous pas régner l'orgueil, l'avarice, la lubricité, l'esprit de domination & de vengeance * ? Leurs prédications continuelles, & réitérées depuis tant de siécles, ont-elles véritablement influé sur les mœurs des nations ? Les conversions, que leurs discours opé-

* Quand nous nous plaignons des désordres des Prêtres, on nous ferme la bouche, en disant : *qu'il faut faire ce qu'ils disent & ne point faire ce qu'ils font*. Quelle confiance pouvons-nous prendre en des médecins, qui, lorsqu'ils ont les mêmes maux que nous, ne veulent jamais se servir des mêmes remédes qu'ils prescrivent ?

rent, sont-elles vraiment utiles? Changent-elles les cœurs des peuples qui les écoutent? De l'aveu même de ces docteurs, ces conversions sont très-rares, ils vivent toujours *dans la lie des siécles*; la perversité humaine augmente chaque jour, & chaque jour ils déclament contre des vices & des crimes, que la coutume autorise, que le gouvernement encourage, que l'opinion favorise, que le pouvoir récompense, & que chacun se trouve intéressé à commettre, sous peine d'être malheureux.

Ainsi, de l'aveu même de ses Ministres, la religion, dont les préceptes ont été inculqués dès l'enfance & se répétent sans relâche, ne peut rien contre la dépravation des mœurs. Les hommes mettent toujours la religion de côté, dès qu'elle s'oppose à leurs desirs; ils ne l'écoutent que lorsqu'elle favorise leurs passions, lorsqu'elle s'accorde avec leur tempérament, & avec les idées qu'ils se font du bonheur. Le libertin s'en mocque, lorsqu'elle condamne ses débauches; l'ambitieux la méprise, lorsqu'elle met des bornes à ses vœux; l'avare ne l'écoute point, lorsqu'elle lui dit de répandre des bienfaits; le courtisan rit de sa simplicité, quand elle lui ordonne d'être franc & sincere. D'un autre côté, le Souverain est docile à ses leçons, lorsqu'elle lui dit qu'il est l'image de la Divinité; qu'il doit être absolu comme elle; qu'il est le maître de la vie & des biens de ses sujets; qu'il doit les exterminer, quand ils ne pensent point comme lui. Le bilieux écoute avidement les préceptes de son prêtre, quand il lui ordonne de haïr; le vindicatif lui obéit, quand il lui permet de se venger lui-même, sous prétexte de venger son Dieu. En un mot, la religion ne change rien aux passions des hommes, ils ne l'écoutent, que lorsqu'elle parle à l'unisson de leurs desirs ; elle ne les change qu'au lit de la mort : alors leur changement est inutile au monde, & le pardon du ciel, que l'on promet au repentir infructueux des mourans, encourage les vivans à persister dans le désordre jusqu'au dernier instant.

En vain la religion prêcheroit-elle la vertu, lorsque cette vertu devient contraire aux intérêts des hommes, ou ne les mene à rien. On ne peut donner des mœurs à une nation dont le Souverain est lui-même sans mœurs & sans vertu ; où les Grands regardent cette vertu, comme une foiblesse; où les prêtres la dégradent par leur conduite ; où l'homme du peuple, malgré les belles harangues de ses prédicateurs, sent bien que, pour se tirer de la misere, il faut se prêter aux vices de ceux qui sont plus puissans que lui. Dans des sociétés ainsi constituées, la morale ne peut être qu'une spéculation stérile, propre à exercer l'esprit, sans influer sur la conduite de perſonne, ſinon d'un petit nombre d'hommes, que leur tempérament a rendus modérés & contens de leur ſort. Tous ceux qui voudront courir à la fortune, ou rendre leur ſort plus doux, ſe laiſſeront entraîner par le torrent général, qui les forcera de franchir les obſtacles que la conſcience leur oppoſe.

Ce n'eſt donc point le Prêtre, c'eſt le Souverain, qui peut établir les mœurs dans un Etat. Il doit prêcher par ſon exemple; il doit effrayer le crime par des châtimens; il doit inviter à la vertu par des récompenſes; il doit ſur-tout veiller à l'éducation publique, afin que l'on ne ſeme dans les cœurs de ſes ſujets, que des paſſions utiles à la ſociété.

Parmi nous, l'éducation n'occupe preſque point la politique; celle-ci montre l'indifférence la plus profonde ſur l'objet le plus eſſentiel au bonheur des Etats. Chez preſque tous les peuples modernes, l'éducation publique se borne à enseigner des langues inutiles à la plûpart de ceux qui les apprennent ; au lieu de la morale, on inculque aux Chrétiens, les fables merveilleuses & les dogmes inconcevables d'une religion très-opposée à la droite raison : dès le premier pas que le jeune homme fait dans ses études, on lui apprend qu'il doit renoncer au témoignage de ses sens, soumettre sa raison, qu'on lui décrie comme un guide infidéle, & s'en rapporter aveuglément à l'autorité de ses maîtres. Mais quels sont ces maîtres ? Ce sont des prêtres, intéressés à maintenir l'univers dans des opinions dont seuls ils recueillent les fruits. Ces pédagogues mercénaires, pleins d'ignorance & de préjugés, sont rarement eux-mêmes au ton de la société. Leurs ames abjectes & rétrécies sont-elles bien capables d'instruire leurs éléves de ce qu'elles ignorent elles-mêmes ? Des pédans, avilis aux yeux mêmes de ceux qui leur confient leurs enfans, sont-ils bien en état d'inspirer à leurs éléves le desir de la gloire, une noble émulation, les sentimens généreux, qui sont la source de toutes les qualités utiles à la république? Leur apprendront-ils à aimer le bien public, à servir la patrie, à connoître les devoirs de l'homme & du citoyen, du pere de famille & des enfans, des maîtres & des serviteurs? Non sans doute; l'on ne voit sortir des mains de ces guides ineptes & méprisables, que des ignorans superstitieux, qui, s'ils ont profité des leçons qu'ils ont reçues, ne savent rien des choses nécessaires à la société, dont ils vont devenir des membres inutiles.

De quelque côté que nous portions nos regards, nous verrons l'étude des objets les plus importans pour l'homme, totalement négligée. La morale, sous laquelle je comprens aussi la politique, n'est presque comptée pour rien

rien dans l'éducation européenne ; la ſeule morale qu'on apprenne aux chrétiens, c'eſt cette morale enthouſiaſte, impraticable, contradictoire, incertaine, que nous voyons contenue dans l'évangile ; elle n'eſt propre, comme je crois l'avoir prouvé, qu'à dégrader l'eſprit, qu'à rendre la vertu haïſſable, qu'à former des eſclaves abjects, qu'à briſer le reſſort de l'ame ; ou bien, ſi elle eſt ſemée dans des eſprits échauffés, elle n'en fait que des fanatiques turbulens, capables d'ébranler les fondemens des ſociétés.

Malgré l'inutilité & la perverſité de la morale que le chriſtianiſme enſeigne aux hommes, ſes partiſans oſent nous dire que ſans religion l'on ne peut avoir des mœurs. Mais qu'eſt-ce qu'avoir des mœurs, dans le langage des chrétiens ? C'eſt prier ſans relâche, c'eſt fréquenter les temples, c'eſt faire pénitence, c'eſt s'abſtenir des plaiſirs, c'eſt vivre dans le recueillement & la retraite. Quel bien résulte-t'il pour la ſociété de ces pratiques, que l'on peut obſerver, ſans avoir l'ombre de la vertu? Si des mœurs de cette eſpéce conduiſent au ciel, elles ſont très inutiles à la terre. Si ce ſont là des vertus, il faut convenir que ſans religion l'on n'a point de vertus. Mais, d'un autre côté, on peut obſerver fidélement tout ce que le chriſtianiſme recommande, ſans avoir aucune des vertus que la raiſon nous montre comme néceſſaires au ſoutien des ſociétés politiques.

Il faut donc bien diſtinguer la morale *religieuſe* de la morale *politique*: la premiere fait des ſaints, l'autre des citoyens; l'une fait des hommes inutiles ou même nuiſibles au monde, l'autre doit avoir pour objet de former à la ſociété des membres utiles, actifs, capables de la ſervir, qui rempliſſent les devoirs d'époux, de peres, d'amis, d'aſſociés, quelques ſoient d'ailleurs

leurs opinions métaphisiques, qui, quoiqu'en dise la théologie, sont bien moins sûres que les regles invariables du bon sens.

En effet, il est certain que l'homme est un être sociable, qui cherche en tout son bonheur; qu'il fait le bien, lorsqu'il y trouve son intérêt; qu'il n'est si communément méchant, que parce que sans celà il seroit obligé de renoncer au bien être. Cela posé, que l'éducation enseigne aux hommes à connoître les rapports qui subsistent entr'eux, & les devoirs qui découlent de ces rapports; que le gouvernement, à l'aide des loix, des récompenses & des peines, confirme les leçons que l'éducation aura données; que le bonheur accompagne les actions utiles & vertueuses; que la honte, le mépris, le châtiment, punissent le crime & le vice, alors les hommes auront une morale humaine, fondée sur leur propre nature, sur les besoins des nations, ſur l'intérêt des peuples & de ceux qui les gouvernent. Cette morale, indépendante des notions ſublimes de la théologie, n'aura peut-être rien de commun avec la morale religieuſe ; mais la ſociété n'aura rien à perdre avec cette derniere morale, qui, comme on l'a prouvé, s'oppoſe à chaque inſtant au bonheur des Etats, au repos des familles, à l'union des citoyens.

Un Souverain, à qui la ſociété a confié l'autorité ſuprême, tient dans ſes mains les grands mobiles qui agiſſent ſur les hommes ; il a plus de pouvoir que les Dieux, pour établir & réformer les mœurs. Sa préſence, ſes récompenſes, ſes menaces, que dis-je ? un ſeul de ſes regards, peuvent bien plus que tous les ſermons des Prêtres. Les honneurs de ce monde, les dignités, les richeſſes, agiſſent bien plus fortement ſur les hommes les plus religieux, que toutes les eſpérances pompeuſes de la religion. Le courtiſan le plus dévot craint plus ſon Roi que ſon Dieu.

C'eſt donc, je le répéte, le Souverain qui doit prêcher; c'eſt à lui qu'il appartient de réformer les mœurs; elles ſeront bonnes, lorſque le Prince ſera bon & vertueux lui-même, lorſque les citoyens recevront une éducation honnête, qui, en leur inſpirant de bonne heure des principes vertueux, les habituera à honorer la vertu, à déteſter le crime, à mépriſer le vice, à craindre l'infamie. Cette éducation ne ſera point infructueuſe, lorſque des exemples continuels prouveront aux citoyens que c'eſt par des talens & des vertus que l'on parvient aux honneurs, au bien être, aux diſtinctions, à la conſidération, à la faveur, & que le vice ne conduit qu'au mépris & à l'ignominie. C'eſt à la tête d'une nation nourrie dans ces principes, qu'un Prince éclairé ſera réellement grand, puiſſant & reſpecté. Ses prédications seront plus efficaces que celles de ces Prêtres, qui, depuis tant de siécles, déclament inutilement contre la corruption publique *.

Si les Prêtres ont usurpé sur la puissance souveraine le droit d'instruire les peuples, que celle-ci reprenne ses droits, ou du moins qu'elle ne souffre point qu'ils jouissent exclusivement de la liberté de régler les mœurs des nations & de leur parler de la morale; que le Monarque réprime ces Prêtres eux-mêmes, quand ils enseigneront des maximes visiblement nuisibles au bien de la société. Qu'ils enseignent, s'il leur plaît, que leur Dieu se change en pain, mais qu'ils n'enseignent jamais que l'on doit haïr, ou détruire ceux qui refusent de croire ce mystere ineffable. Que dans la société nul in-

---

* Quintilien dit, *Quidquid Principes faciunt, præcipere videntur.* Les Princes semblent ordonner de faire tout ce qu'ils font eux-mêmes.

ſpiré n'ait la faculté de ſoulever les ſujets contre l'autorité, de ſemer la diſcorde, de briſer les liens qui uniſſent les citoyens entr'eux, de troubler la paix publique pour des opinions. Le Souverain, quand il voudra, pourra contenir le ſacerdoce lui-même. Le fanatiſme eſt honteux quand il ſe voit privé d'appui ; les Prêtres eux-mêmes attendent du Prince les objets de leurs deſirs, & la plûpart d'entr'eux ſont toujours diſpoſés à lui ſacrifier les intérêts prétendus de la religion & de la conſcience, quand ils jugent ce ſacrifice néceſſaire à leur fortune.

Si l'on me dit que les Princes ſe croiront toujours intéreſſés à maintenir la religion & à ménager ſes Miniſtres, au moins par politique, lors même qu'ils en ſeront détrompés intérieurement ; je réponds qu'il eſt aiſé de convaincre les Souverains par une foule d'exemples, que la religion Chrétienne fut cent fois nuiſible à leurs pareils ; que le ſacerdoce fut & ſera toujours le rival de la Royauté ; que les Prêtres chrétiens ſont par leur eſſence les ſujets les moins ſoumis : je réponds , qu'il eſt facile de faire ſentir à tout Prince éclairé, que ſon intérêt véritable eſt de commander à des peuples heureux ; que c'eſt du bien être qu'il leur procure, que dépendra ſa propre ſûreté & ſa propre grandeur ; en un mot, que ſon bonheur eſt lié à celui de ſon peuple, & qu'à la tête d'une nation, composée de citoyens honnêtes & vertueux, il ſera bien plus fort, qu'à la tête d'une troupe d'eſclaves ignorans & corrompus, qu'il eſt forcé de tromper , pour pouvoir les contenir , & d'abreuver d'impoſtures, pour en venir à bout.

Ainſi, ne déſeſpérons point que quelque jour la vérité ne perce juſqu'au trône. Si les lumieres de la raiſon & de la ſcience ont tant de peines à parvenir juſqu'aux Princes, c'eſt que des Prêtres intéressés, & des courtisans faméliques, cherchent à les retenir dans une enfance perpétuelle, leur montrent le pouvoir & la grandeur dans des chiméres, & les détournent des objets nécessaires à leur vrai bonheur. Tout Souverain, qui aura le courage de penser par lui-même, sentira que sa puissance sera toujours chancelante & précaire, tant qu'elle n'aura d'appui que dans les phantômes de sa religion, les erreurs des peuples, les caprices du sacerdoce. Il sentira les inconvéniens résultans d'une administration fanatique, qui jusqu'ici n'a formé que des ignorans présomptueux, des chrétiens opiniâtres & souvent turbulens, des citoyens incapables de servir l'Etat, des peuples imbécilles, prêts à recevoir les impressions des guides qui les égarent ; il sentira les ressources immenses que mettroient dans ses mains les biens si long-tems usurpés sur la nation par des hommes inutiles, qui, ſous prétexte de l'inſtruire, la trompent & la dévorent *. A ces fondations religieuſes, dont le bon ſens rougit, qui n'ont ſervi qu'à récompenſer la pareſſe, qu'à entretenir l'inſolence & le luxe, qu'à favoriſer l'orgueil ſacerdotal, un Prince ferme & ſage ſubſtituera des établiſſemens utiles à l'Etat, propres à faire germer les talens, à former la jeuneſſe, à récompenſer les ſervices & les vertus, à ſoulager des peuples, à faire éclore des citoyens.

Je me flatte, Monſieur, que ces réflexions me diſculperont à vos yeux. Je ne prétens point aux ſuffrages de ceux

* Quelques perſonnes ont cru que le Clergé pouvoit ſervir quelquefois de barriere au deſpotiſme ; mais l'expérience ſuffit pour prouver que jamais ce corps n'a ſtipulé que pour lui-même. Ainſi l'intérêt des nations, & celui des bons Souverains, trouve que ce corps n'eſt abſolument bon à rien.

qui ſe croyent intéreſſés aux maux de leurs concitoyens ; ce n'eſt point eux que je cherche à convaincre ; on ne peut rien prouver à des hommes vicieux & déraiſonnables. J'oſe donc eſpérer que vous ceſſerez de regarder mon livre comme dangereux & mes eſpérances comme totalement chimériques. Beaucoup d'hommes ſans mœurs ont attaqué la religion, parce qu'elle contrarioit leurs penchans ; beaucoup de ſages l'ont mépriſée, parce qu'elle leur paroiſſoit ridicule ; beaucoup de perſonnes l'ont regardée comme indifférente, parce qu'elles n'en ont point ſenti les vrais inconvéniens : comme citoyen, je l'attaque, parce qu'elle me paroît nuiſible au bonheur de l'Etat, ennemie des progrès de l'eſprit humain, oppoſée à la ſaine morale, dont les intérêts de la politique ne peuvent jamais ſe ſéparer. Il me reſte à vous dire

dire avec un Poëte ennemi, comme moi, de la superstition :

*Si tibi vera videtur,*
*Dede manus, & si falsa est, accingere contra.*

Je suis, &c. . . . .

Paris le 4 Mai 1758.

# LE CHRISTIANISME DÉVOILÉ.

## CHAPITRE PREMIER.

### INTRODUCTION.

*De la nécessité d'examiner sa religion, & des obstacles que l'on rencontre dans cet examen.*

UN Etre raisonnable doit dans toutes ses actions se proposer son propre bonheur & celui de ses semblables. La religion, que tout concourt à nous montrer comme l'objet le plus important à notre félicité temporelle & éternelle, n'a des avantages pour nous, qu'autant qu'elle rend notre existence heureuse en ce monde, & qu'autant que nous sommes assurés qu'elle remplira les promeſſes flateuſes qu'elle nous fait pour un autre. Nos devoirs, envers le Dieu que nous regardons comme le maître de nos deſtinées, ne peuvent être fondés que ſur les biens que nous en attendons, ou ſur les maux que nous craignons de ſa part: il eſt donc néceſſaire que l'homme examine les motifs de ſes eſpérances & de ſes craintes; il doit, pour cet effet, conſulter l'expérience & la raiſon, qui ſeules peuvent le guider ici bas; par les avantages que la religion lui procure dans le monde viſible qu'il habite, il pourra juger de la réalité de ceux qu'elle lui fait eſpérer dans un monde inviſible, vers lequel elle lui ordonne de tourner ſes regards.

Les hommes, pour la plûpart, ne tiennent à leur religion que par habitude; ils n'ont jamais examiné ſérieuſement les raiſons qui les y attachent, les motifs de leur conduite, les fondemens de leurs opinions : ainſi la choſe, que tous regardent comme la plus importante pour eux, fut toujours celle qu'ils craignirent le plus d'approfondir ; ils ſuivent les routes que leurs peres leur ont tracées ; ils croyent, parce qu'on leur a dit dès l'enfance qu'il falloit croire ; ils eſperent, parce que leurs ancêtres ont eſpéré ; ils tremblent, parce que leurs devanciers ont tremblé ; preſque jamais ils n'ont daigné ſe rendre compte des motifs de leur croyance. Très-peu d'hommes ont le loiſir d'examiner, ou la capacité d'enviſager les objets de leur vénération habituelle, de leur attachement peu raiſonné, de leurs craintes traditionelles ; les nations ſont toujours entraînées par le torrent de l'habitude, de l'exemple, du préjugé : l'éducation habitue l'eſprit aux opinions les plus monſtrueuſes, comme le corps aux attitudes les plus gênantes : tout ce qui a duré longtems paroît ſacré aux hommes; ils ſe croiroient coupables, s'ils portoient leurs regards téméraires ſur les choſes revêtues du ſceau de l'antiquité : prévenus en faveur de la ſageſſe de leurs peres, ils n'ont point la préſomption d'examiner après eux; ils ne voyent point que de tous tems l'homme fut la dupe de ſes préjugés, de ſes eſpérances & de ſes craintes, & que les mêmes raiſons lui rendirent preſque toujours l'examen également impoſſible.

Le vulgaire, occupé de travaux néceſſaires à ſa ſubſiſtance, accorde une confiance aveugle à ceux qui prétendent le guider ; il ſe repoſe ſur eux du ſoin de penſer pour lui; il ſouſcrit ſans peine à tout ce qu'ils lui preſcrivent ; il croiroit offenſer ſon Dieu, s'il doutoit un inſtant de la bonne foi de ceux qui lui parlent en ſon nom. Les grands, les riches, les gens du monde, lors même qu'ils ſont plus éclairés que le vulgaire, ſe trouvent

intéreſſés

intéressés à se conformer aux préjugés reçus, & même à les maintenir ; ou bien, livrés à la mollesse, à la dissipation & aux plaisirs, ils sont totalement incapables de s'occuper d'une religion qu'ils font toujours céder à leurs passions, à leurs penchans, & au desir de s'amuser. Dans l'enfance, nous recevons toutes les impressions qu'on veut nous donner ; nous n'avons, ni la capacité, ni l'expérience, ni le courage nécessaires pour douter de ce que nous enseignent ceux dans la dépendance desquels notre foiblesse nous met. Dans l'adolescence, les passions fougueuses & l'ivresse continuelle de nos sens nous empêchent de songer à une religion trop épineuse & trop triste pour nous occuper agréablement : si par hasard un jeune homme l'examine, c'est sans suite, ou avec partialité ; un coup d'œil superficiel le dégoûte bientôt d'un objet si déplaisant. Dans l'âge mûr, des soins divers, des paſſions nouvelles, des idées d'ambition, de grandeur, de pouvoir, le deſir des richeſſes, des occupations ſuivies, abſorbent toute l'attention de l'homme fait, ou ne lui laiſſent que peu de momens pour ſonger à cette religion, que jamais il n'a le loiſir d'approfondir. Dans la vieilleſſe, des facultés engourdies, des habitudes identifiées avec la machine, des organes affoiblis par l'âge & les infirmités, ne nous permettent plus de remonter à la ſource de nos opinions enracinées; la crainte de la mort, que nous avons devant les yeux, rendroit d'ailleurs très-ſuſpect un examen auquel la terreur préſide communément.

C'eſt ainſi que les opinions religieuſes, une fois admiſes, ſe maintiennent pendant une longue ſuite de ſiécles; c'eſt ainſi que d'âge en âge les nations ſe tranſmettent des idées qu'elles n'ont jamais examinées; elles croyent que leur bonheur eſt attaché à des inſtitutions dans lesquelles un examen plus mûr leur montreroit la source de la plûpart de leurs maux. L'autorité vient encore à l'appui des préjugés des hommes, elle leur défend l'examen, elle les force à l'ignorance, elle se tient toujours prête à punir quiconque tenteroit de les désabuser.

Ne soyons donc point surpris, si nous voyons l'erreur presque identifiée avec la race humaine; tout semble concourir à éternifer son aveuglement; toutes les forces se réunissent pour lui cacher la vérité: les tyrans la détestent & l'oppriment, parce qu'elle ose discuter leurs titres injustes & chimériques; le sacerdoce la décrie, parce qu'elle met au néant ses prétentions fastueuses; l'ignorance, l'inertie, & les passions des peuples, les rendent complices de ceux qui se trouvent intéressés à les aveugler, pour les tenir sous le joug, & pour tirer parti de leurs infortunes: par-là, les nations gémiſſent ſous des maux héréditaires, jamais elles ne ſongent à y remédier, ſoit parce qu'elles n'en connoiſſent point la ſource, ſoit parce que l'habitude les accoutume au malheur & leur ôte même le deſir de ſe ſoulager.

Si la religion eſt l'objet le plus important pour nous, ſi elle influe néceſſairement ſur toute la conduite de la vie, ſi ſes influences s'étendent non-ſeulement à notre exiſtence en ce monde, mais encore à celle que l'homme ſe promet pour la ſuite, il n'eſt ſans doute rien qui demande un examen plus ſérieux de notre part : cependant c'eſt de toutes les choſes celle dans la quelle le commun des hommes montre le plus de crédulité ; le même homme, qui apportera l'examen le plus ſérieux dans la choſe la moins intéreſſante à ſon bien-être, ne ſe donne aucune peine pour s'aſſurer des motifs qui le déterminent à croire, ou à faire des chofes, defquelles, de fon aveu, dépend fa félicité temporelle & éternelle; il s'en rapporte aveuglément à ceux que le hafard lui a donnés pour guides; il fe repofe fur eux du foin d'y penfer pour lui, & parvient à fe faire un mérite de fa pareffe même & de fa crédulité : en matiere de religion, les hommes fe font gloire de refter toujours dans l'enfance & dans la barbarie.

Cependant il fe trouva dans tous les fiécles des hommes, qui, détrompés des préjugés de leurs concitoyens, oferent leur montrer la vérité. Mais que pouvoit leur foible voix contre des erreurs fucées avec le lait, confirmées par l'habitude, autorifées par l'exemple, fortifiées par une politique fouvent complice de fa propre ruine? Les cris impofans de l'impofture réduifirent bientôt au filence ceux qui voulurent réclamer en faveur de la raifon; en vain le philofophe effaya-t-il d'infpirer aux hommes du courage, tandis que leurs prêtres & leurs Rois les forcerent de trembler.

Le plus sûr moyen de tromper les hommes, & de perpétuer leurs préjugés, c'est de les tromper dans l'enfance: chez presque tous les peuples modernes, l'éducation ne semble avoir pour objet que de former des fanatiques, des dévots, des moines, c'est-à-dire, des hommes nuisibles, ou inutiles à la société; on ne songe nulle part à former des citoyens: les Princes eux-mêmes, communément victimes de l'éducation superstitieuse qu'on leur donne, demeurent toute leur vie dans l'ignorance la plus profonde de leurs devoirs & des vrais intérêts de leurs Etats; ils s'imaginent avoir tout fait pour leurs sujets, s'ils leur font remplir l'esprit d'idées religieuses, qui tiennent lieu de bonnes loix, & qui dispensent leurs maîtres du soin pénible de les bien gouverner. La religion ne semble imaginée que pour rendre les

Souverains & les peuples également esclaves du sacerdoce ; celui-ci n'est occupé qu'à susciter des obstacles continuels au bonheur des nations ; partout où il régne, le Souverain n'a qu'un pouvoir précaire, & les sujets sont dépourvus d'activité, de science, de grandeur d'ame, d'industrie, en un mot des qualités nécessaires au soutien de la société.

Si dans un Etat chrétien on voit quelqu'activité, si l'on y trouve de la science, si l'on y rencontre des mœurs sociales, c'est qu'en dépit de leurs opinions religieuses, la nature, toutes les fois qu'elle le peut, ramene les hommes à la raison & les force de travailler à leur propre bonheur. Toutes les nations chrétiennes, si elles étoient conséquentes à leurs principes, devroient être plongées dans la plus profonde inertie ; nos contrées seroient habitées par un petit nombre de pieux sauvages, qui ne se rencontreroient que pour ſe nuire. En effet, à quoi bon s'occuper d'un monde, que la religion ne montre à ſes diſciples que comme un lieu de paſſage ? Quelle peut être l'induſtrie d'un peuple, à qui l'on répète tous les jours que ſon Dieu veut qu'il prie, qu'il s'afflige, qu'il vive dans la crainte, qu'il gémiſſe ſans ceſſe ? Comment pourroit ſubſiſter une ſociété compoſée d'hommes à qui l'on perſuade qu'il faut avoir du zele pour la religion, & que l'on doit haïr & détruire ſes ſemblables pour des opinions ? Enfin, comment peut-on attendre de l'humanité, de la juſtice, des vertus, d'une foule de fanatiques à qui l'on propoſe, pour modéle, un Dieu cruel, diſſimulé, méchant, qui ſe plaît à voir couler les larmes de ſes malheureuſes créatures, qui leur tend des embuches, qui les punit pour y avoit ſuccombé, qui ordonne le vol, le crime & le carnage?

Tels ſont pourtant les traits ſous leſquels le Chriſtianiſme nous peint le Dieu qu'il hérita des Juifs. Ce Dieu fut un sultan, un despote, un tyran, à qui tout fut permis ; l'on fit pourtant de ce Dieu le modéle de la perfection ; l'on commit en son nom les crimes les plus révoltans, & les plus grands forfaits furent toujours justifiés, dès qu'on les commit pour soutenir sa cause, ou pour mériter sa faveur. Ainsi la religion chrétienne, qui se vante de prêter un appui inébranlable à la morale, & de présenter aux hommes les motifs les plus forts pour les exciter à la vertu, fut pour eux une source de divisions, de fureurs & de crimes; sous prétexte de leur apporter la paix, elle ne leur apporta que la fureur, la haine, la discorde & la guerre; elle leur fournit mille moyens ingénieux de se tourmenter; elle répandit sur eux des fléaux inconnus à leurs peres ; & le chrétien, s'il eut été sensé, eut mille fois regretté la paisible ignorance des ses ancêtres idolâtres.

Si les mœurs des peuples n'eurent rien à gagner avec la religion chrétienne, le pouvoir des Rois, dont elle prétend être l'appui, n'en retira pas de plus grands avantages ; il s'établit dans chaque Etat deux pouvoirs distingués ; celui de la religion, fondé sur Dieu lui-même, l'emporta presque toujours sur celui du Souverain ; celui-ci fut forcé de devenir le serviteur des prêtres, & toutes les fois qu'il refusa de fléchir le genou devant eux, il fut proscrit, dépouillé de ses droits, exterminé par des sujets que la religion excitoit à la révolte, ou par des fanatiques, aux mains desquels elle remettoit son couteau. Avant le christianisme, le Souverain de l'Etat fut communément le Souverain du prêtre ; depuis que le monde est chrétien, le Souverain n'est plus que le premier esclave du sacerdoce, que l'exécuteur de ses vengeances & de ses décrets.

Concluons donc que la religion

chrétienne n'a point de titre pour se vanter des avantages qu'elle procure à la morale, ou à la politique. Arrachons-lui donc le voile dont elle se couvre; remontons à sa source; analysons ses principes; suivons-la dans sa marche, & nous trouverons que, fondée sur l'imposture, sur l'ignorance & sur la crédulité, elle ne fut & ne sera jamais utile qu'à des hommes qui se croyent intéressés à tromper le genre humain; qu'elle ne cessa jamais de causer les plus grands maux aux nations, & qu'au lieu du bonheur qu'elle leur avoit promis, elle ne servit qu'à les enivrer de fureurs, qu'à les inonder de sang, qu'à les plonger dans le délire & dans le crime, qu'à leur faire méconnoître leurs véritables intérêts & leurs devoirs les plus saints.

## CHAPITRE II.

### *Histoire abrégée du Peuple Juif.*

DANS une petite contrée, presque ignorée des autres peuples, vivoit une nation, dont les fondateurs, longtems esclaves chez les Egyptiens, furent délivrés de leur servitude par un prêtre d'Héliopolis, qui par son génie, & ses connoissances superieures, sut prendre de l'ascendant sur eux *. Cet homme, connu sous le nom de Moïse, nourri

* Maneton & Chérémon, historiens Egyptiens, dont le Juif Joseph nous a transmis les témoignages, nous apprennent qu'une multitude de lépreux fut autrefois chassée d'Egypte par le Roi Amenophis, que ces bannis élurent pour leur chef un Prêtre d'Héliopolis, nommé *Moïse*, qui leur composa une religion & leur donna des loix.

V. *Joseph contre Appien, Liv. I. ch. 9. 11 & 12.* Diodore de Sicile rapporte l'histoire de Moïse, *Tom. 7. de la traduction de l'Abbé Terrasson.*

dans les ſciences de cette région fertile en prodiges & mère des ſuperſtitions, ſe mit donc à la tête d'une troupe de fugitifs, à qui il perſuada qu'il étoit l'interprète des volontés de leur Dieu, qu'il converſoit particulièrement avec lui, qu'il en recevoit directement les ordres. Il appuya, dit-on, ſa miſſion par des œuvres qui parurent ſurnaturelles à des hommes ignorans des voies de la nature & des reſſources de l'art. Le premier des ordres qu'il leur donna,

---

Quoi qu'il en ſoit, de l'aveu même de la Bible, Moïſe commença par aſſaſſiner un Egyptien, qui avoit pris querelle avec un Hebreu; après quoi, il ſe ſauva en Arabie, où il épouſa la fille d'un prêtre idolâtre, qui lui reprocha ſouvent ſa cruauté : de-là ce ſaint homme retourna en Egypte pour ſoulever ſa nation mécontente contre le Roi. Il régna très-tyranniquement, l'exemple de Coré, de Dathan, & d'Abyron, prouve que les eſprits forts n'avoient pas beau jeu avec lui. Il diſparut, comme Romulus, ſans qu'on ſût trouver ſon corps, ni le lieu de ſa ſépulture.

de la part de son Dieu, fut de voler leurs maîtres, qu'ils étoient sur le point de quitter. Lorsqu'il les eut ainsi enrichis des dépouilles de l'Egypte, qu'il se fut assuré de leur confiance, il les conduisit dans un désert, où, pendant quarante ans, il les accoutuma à la plus aveugle obéissance ; il leur apprit les volontés du ciel, la fable merveilleuse de leurs ancêtres, les cérémonies bisares auxquelles le Trés-haut attachoit ses faveurs ; il leur inspira sur-tout la haine la plus envenimée contre les Dieux des autres nations, & la cruauté la plus étudiée contre ceux qui les adoroient : à force de carnage & de sévérité, il en fit des esclaves souples à ses volontés, prêts à seconder ses passions, prêts à se sacrifier pour satisfaire ses vues ambitieuses ; en un mot, il fit des Hébreux, des monstres de phrénésie & de férocité. Après les avoir ainsi animés de cet esprit destructeur, il leur montra les terres &

les possessions de leurs voisins, comme l'héritage que Dieu même leur avoit assigné. »

Fiers de la protection de *Jehovah* *, les Hébreux marcherent à la victoire; le ciel autorisa pour eux la fourberie & la cruauté; la religion, unie à l'avidité, étouffa chez eux les cris de la nature, & sous la conduite de leurs chefs inhumains, ils détruisirent les nations Chananéennes avec une barbarie qui révolte tout homme en qui la superstition n'a pas totalement anéanti la raison. Leur fureur, dictée par le ciel même, n'épargna, ni les enfans à la mammelle, ni les vieillards débiles, ni les femmes enceintes, dans les villes où ces monstres porterent

* C'étoit le nom ineffable du Dieu des Juifs, qui n'osoient le prononcer. Son nom vulgaire étoit *Adonai*, qui ressemble furieusement à l'*Adonis* des Phéniciens. V. *Mes recherches sur le despotisme oriental.*

leurs armes victorieuses. Par les ordres de Dieu, ou de ses prophêtes, la bonne foi fut violée, la justice fut outragée, & la cruauté fut éxercée*.

Brigands, usurpateurs & meurtriers, les Hébreux parvinrent enfin à s'établir dans une contrée peu fertile, mais qu'ils trouverent délicieuse, au sortir de leur désert. Là, sous l'auto-

---

* Pour se faire une idée de la férocité Judaïque, qu'on lise la conduite de Moïse & de Josué, & les ordres que le Dieu des armées donne à Samuel dans le 1er. *Liv. des Rois, ch. XV. ℣. 23 & 24.* où ce Dieu ordonne de tout exterminer, sans en excepter les femmes & les enfans. Saül fut rejetté pour avoir épargné le sang du Roi des Amalécites. David seconda les fureurs de son Dieu, & tint envers les Ammonites une conduite qui révolte la nature. V. *le Liv. des Rois, ch. XII. ℣ 31.* C'est pourtant ce David que l'on propose encore pour le modéle des Rois. Malgré sa révolte contre Saül, ses brigandages, ses adulteres, sa cruelle perfidie pour Urie, il est nommé *l'homme selon le cœur de Dieu.* Voyez *le Diction. de Bayle, à l'art.* David.

rité

rité de leurs prêtres, repréſentans viſibles de leur Dieu caché, ils fonderent un Etat déteſté de ſes voiſins, & qui fut en tout tems l'objet de leur haine, ou de leur mépris. Le ſacerdoce, ſous le nom de *Théocratie*, gouverna longtems ce peuple aveugle & farouche; il lui perſuada qu'en obéiſſant à ſes prêtres, il obéiſſoit à ſon Dieu lui-même.

Malgré la ſuperſtition, forcé par les circonſtances, ou peut-être fatigué du joug de ſes prêtres, le peuple Hébreu voulut enfin avoir des Rois, à l'exemple des autres nations; mais, dans le choix de ſon Monarque, il ſe crut obligé de s'en rapporter à un prophéte. Ainſi commença la monarchie des Hébreux, dont les Princes furent néanmoins toujours traverſés dans leurs entrepriſes, par des prêtres, des inſpirés, des prophétes ambitieux, qui ſuſciterent ſans fin des obſtacles aux Souverains qu'ils ne trouverent point assez soumis à leurs propres volontés. L'histoire des Juifs ne nous montre, dans tous ses périodes, que des Rois aveuglément soumis au sacerdoce, ou perpétuellement en guerre avec lui, & forcés de périr sous ses coups.

La superstition féroce, ou ridicule, du peuple Juif, le rendit l'ennemi né du genre humain, & en fit l'objet de son indignation & de ses mépris : toujours il fut rebelle, & toujours il fut maltraité par les conquérans de sa chétive contrée. Esclave tour-à-tour des Egyptiens, des Babyloniens, & des Grecs, il éprouva sans cesse les traitemens les plus durs & les mieux mérités; souvent infidéle à son Dieu, dont la cruauté, ainsi que la tyrannie de ses prêtres le dégoûterent fréquemment, il ne fut jamais soumis à ses Princes; ceux-ci l'écraserent inutilement sous un sceptre de fer, jamais ils ne parvinrent à en faire un ſujet attaché ; le Juif fut toujours la victime & la dupe de ſes inſpirés, & dans ſes plus grands malheurs, ſon fanatiſme opiniâtre, ſes eſpérances inſenſées, ſa crédulité infatigable, le ſoutinrent contre les coups de la fortune. Enfin, conquiſe avec le reſte du monde, la Judée ſubit le joug des Romains.

Objet du mépris de ſes nouveaux maîtres, le Juif fut traité durement, & avec hauteur, par des hommes que ſa loi lui fit déteſter dans ſon cœur; aigri par l'infortune, il n'en devint que plus ſéditieux, plus fanatique, plus aveugle. Fiere des promeſſes de ſon Dieu ; remplie de confiance pour les oracles qui, en tout tems, lui annoncerent un bien-être qu'elle n'eut jamais ; encouragée par les enthouſiaſtes, ou les impoſteurs, qui ſucceſſivement ſe jouerent de ſa crédulité, la nation Juive attendit toujours un *Meſſie*, un Monarque, un Libérateur, qui la débarrassât du joug sous lequel elle gémissoit, & qui la fît régner elle-même sur toutes les nations de l'univers.

## CHAPITRE III.

### *Histoire abrégée du Christianisme.*

Ce fut au milieu de cette nation, ainsi disposée à se repaître d'espérances & de chiméres, que se montra un nouvel inspiré, dont les sectateurs sont parvenus à changer la face de la terre. Un pauvre Juif, qui se prétendit issu du sang royal de David *, ignoré long-

* Les Juifs disent que Jésus étoit fils d'un soldat nommé *Pandira*, ou *Panther*, qui séduisit *Marie*, qui étoit une coëffeuse mariée à un nommé *Jochanan* : ou, selon d'autres, *Pandira* jouit plusieurs fois de Marie, tandis que celle-ci croyoit avoir affaire à son mari ; par ce moyen, elle devint grosse, & son mari chagrin se retira à Babylonne. D'autres prétendent que

tems dans son propre pays, sortit tout d'un coup de son obscurité pour se faire des prosélites. Il en trouva dans la plus ignorante populace; il lui prêcha donc sa doctrine, & lui persuada qu'il étoit le fils de Dieu, le libérateur de sa nation opprimée, le Messie annoncé par les prophétes. Ses disciples, ou imposteurs, ou séduits, rendirent un témoignoge éclatant de sa puissance; ils prétendirent que sa mission avoit été prouvée par des miracles sans nombre. Le seul prodige, dont il fut incapable, fut de convaincre les Juifs, qui, loin d'être touchés de ses œuvres bienfaisantes & merveilleuses, le firent mourir par un supplice infamant. Ainsi, le fils de Dieu mourut à

---

Jésus apprit la magie en Egypte, d'où il vint exercer son art en Galilée, où on le fit mourir.

*Voyez* Pleiffer, *theol. Judaïca & Mahomedica, &c. principia. Lypsiæ, 1687.*

D'autres assurent que Jésus fut un brigand, & se fit chef de voleurs. Voyez *la Gémare.*

la vue de tout Jérusalem; mais ses adhérens assurerent qu'il étoit secrétement ressuscité trois jours après sa mort. Visible pour eux seuls, & invisible pour la nation qu'il étoit venu éclairer & amener à sa doctrine, Jésus ressuscité conversa, dit-on, quelque tems avec ses disciples, après quoi il remonta au ciel, où, devenu Dieu comme son pere, il partage avec lui les adorations & les hommages des sectateurs de sa loi. Ceux-ci, à force d'accumuler des superstitions, d'imaginer des impostures, de forger des dogmes, d'entasser des mysteres, ont peu-à-peu formé un systême religieux, informe & décousu, qui fut appellé le *Christianisme*, d'après le nom du *Christ* son fondateur.

Les différentes nations, auxquelles les Juifs furent respectivement soumis, les avoient infectés d'une multitude de dogmes empruntés du paganisme: ainsi la religion Judaïque, Egyptienne dans ſon origine, adopta les rites, les notions, & une portion des idées des peuples avec qui les Juifs converſerent. Il ne faut donc point être ſurpris ſi nous voyons les Juifs, & les Chrétiens qui leur ſuccéderent, imbus de notions puiſées chez les Phéniciens, chez les Mages ou les Perſes, chez les Grecs & les Romains. Les erreurs des hommes, en matiere de religion, ont une reſſemblance générale; elles ne paroiſſent différentes que par leurs combinaiſons. Le commerce des Juifs & des Chrétiens, avec les Grecs, leur fit ſurtout connoître la philoſophie de Platon, ſi analogue avec l'eſprit romaneſque des orientaux, & ſi conforme au génie d'une religion qui ſe fit un devoir de ſe rendre inacceſſible à la raiſon *. Paul, le plus ambitieux &

* Origéne dit que Celſe reprochoit à Jéſus-Chriſt d'avoir emprunté pluſieurs de ſes maximes de Platon. Voyez *Orig. contra Celſ. l. 6.* S. Auguſtin avoue qu'il a trouvé dans Platon

le plus enthousiaste des disciples de Jésus, porta donc sa doctrine, assaisonnée de sublime & de merveilleux, aux peuples de la Gréce, de l'Asie, & même aux habitans de Rome; il eut des sectateurs, parce que tout homme, qui parle à l'imagination des hommes grossiers, les mettra dans ses intérêts, & cet Apôtre actif peut passer, à juste titre, pour le fondateur d'une religion, qui, sans lui, n'eut pu s'étendre, par le défaut de lumieres de ses ignorans collégues, dont il ne tarda pas à se séparer, pour être chef de sa secte *.

---

le commencement de l'évangile de S. Jean. Voyez *S. Aug. Conf. l. VII. ch. 9. 10. 20.* Les notions du Verbe sont visiblement empruntées de Platon; l'Eglise depuis a su tirer un très-grand parti de ce philosophe, comme on le prouvera par la suite.

* Les Ebionites, ou premiers Chrétiens, regardoient S. Paul comme un apostat, un hérétique, parce qu'il s'écartoit entierement de

Quoi qu'il en ſoit, le chriſtianiſme, dans ſa naiſſance, fut forcé de ſe borner aux gens du peuple; il ne fut embraſſé que par les hommes les plus abjects d'entre les Juifs & les Payens: c'eſt ſur des hommes de cette eſpéce que le merveilleux a le plus de droit *. Un Dieu infortuné, victime innocente de la méchanceté, ennemi des riches & des grands, dut être un objet con-

---

la loi de Moïſe, que les autres Apôtres ne vouloient que réformer.

* Les premiers Chrétiens furent appellés, par mépris, *Ebionites;* ce qui ſignifie des *mendians*, des *gueux*. Voyez *Orig. contra Celſum*, *l. II.* Et *Euſeb. hiſt. eccleſ. l. III. ch.* 37. *Ebion*, en Hébreu, ſignifie *pauvre*. On a voulu depuis perſonnifier le mot *Ebion*, & l'on en a fait un hérétique, un chef de ſecte. Quoi qu'il en ſoit, la religion chrétienne dut ſurtout plaire aux eſclaves, qui étoient exclus des choſes ſacrées, & que l'on regardoit à peine comme des hommes; elle leur perſuada qu'ils auroient leur tour un jour, & que dans l'autre vie ils ſeroient plus heureux que leurs maîtres.

ſolant pour des malheureux. Des mœurs auſteres, le mépris des richeſſes, les ſoins, déſintéreſſés en apparence, des premiers prédicateurs de l'évangile, dont l'ambition ſe bornoit à gouverner les ames, l'égalité que la religion mettoit entre les hommes, la communauté des biens, les ſecours mutuels que ſe prêtoient les membres de cette ſecte, furent des objets très-propres à exciter les deſirs des pauvres, & à multiplier les chrétiens. L'union, la concorde, l'affection réciproque, continuellement recommandées aux premiers chrétiens, dûrent ſéduire des ames honnêtes; la ſoumiſſion aux puiſſances, la patience dans les ſouffrances, l'indigence & l'obſcurité, firent regarder la ſecte naiſſante comme peu dangereuſe dans un gouvernement accoutumé à tolérer toutes ſortes de ſectes. Ainſi, les fondateurs du chriſtianiſme eurent beaucoup d'adhérens dans le peuple, & n'eurent pour contradicteurs, ou pour ennemis, que quelques prêtres idolâtres, ou Juifs, intéressés à soutenir les religions établies. Peu-à-peu le nouveau culte, couvert par l'obscurité de ses adhérens, & par les ombres du mystere, jetta de très-profondes racines, & devint trop étendu pour être supprimé. Le gouvernement Romain s'apperçut trop tard des progrès d'une association méprisée ; les chrétiens, devenus nombreux, oserent braver les Dieux du paganisme, jusque dans leurs temples. Les Empereurs & les Magistrats, devenus inquiets, voulurent éteindre une secte qui leur faisoit ombrage ; ils persécuterent des hommes qu'ils ne pouvoient ramener par la douceur, & que leur fanatisme rendoit opiniâtres ; leurs supplices intéresserent en leur faveur ; la persécution ne fit que multiplier le nombre de leurs amis : enfin, leur constance dans les tourmens parut surnaturelle & divine à ceux qui en furent les témoins. L'enthousiasme se communiqua, & la tyrannie ne servit qu'à procurer de nouveaux défenseurs à la secte qu'on vouloit étouffer.

Ainsi, que l'on cesse de nous vanter les merveilleux progrès du christianisme; il fut la religion du pauvre; elle annonçoit un Dieu pauvre; elle fut prêchée par des pauvres à de pauvres ignorans; elle les consola de leur état; ses idées lugubres elles-mêmes furent analogues à la disposition d'hommes malheureux & indigens. L'union & la concorde, que l'on admire tant dans les premiers chrétiens, n'est pas plus merveilleuse; une secte naissante & opprimée demeure unie, & craint de se séparer d'intérêts. Comment, dans ces premiers tems, ses prêtres persécutés eux-mêmes, & traités comme des *perturbateurs*, eussent-ils osé prêcher l'intolérance & la persécution? Enfin, les rigueurs, exercées contre les premiers chrétiens, ne purent leur faire changer de sentimens, parce que la tyrannie irrite, & que l'esprit de l'homme est indomptable, quand il s'agit des opinions auxquelles il croit son salut attaché. Tel est l'effet immanquable de la persécution. Cependant, les chrétiens, que l'exemple de leur propre secte auroit dû détromper, n'ont pu jusqu'à présent se guérir de la fureur de persécuter.

Les Empereurs Romains, devenus chrétiens eux-mêmes; c'est-à-dire, entraînés par un torrent devenu général, qui les força de se servir des secours d'une secte puissante, firent monter la religion sur le trône; ils protégerent l'église & ses ministres; ils voulurent que leurs courtisans adoptassent leurs idées; ils regarderent de mauvais œil ceux qui resterent attachés à l'ancienne religion; peu-à-peu ils en vinrent jusqu'à en interdire l'exercice; il finit par être défendu sous peine de mort. On perſécuta ſans ménagement ceux qui s'en tinrent au culte de leurs peres ; les chrétiens rendirent alors aux payens, avec uſure, les maux qu'ils en avoient reçus. L'Empire Romain fut rempli de ſéditions, cauſées par le zele effréné des Souverains, & de ces prêtres pacifiques, qui peu auparavant ne vouloient que la douceur & l'indulgence. Les Empereurs, ou politiques, ou ſuperſtitieux, comblerent le ſacerdoce de largeſſes & de bienfaits, que ſouvent il méconnut ; ils établirent ſon autorité ; ils reſpecterent enſuite, comme divin, le pouvoir qu'ils avoient eux-mêmes créé. On déchargea les prêtres de toutes les fonctions civiles, afin que rien ne les détournât du miniſtere ſacré *. Ainſi, les Pontifes d'une ſecte jadis rampante & opprimée, devinrent indépendans : enfin, devenus plus puiſſans que les Rois, ils s'arrogerent bientôt le droit

* *Voyez* Tillemont, dans la vie de Conſtantin, *tom. IV. art. 32. p. 148.*

de leur commander à eux-mêmes. Ces prêtres d'un Dieu de paix, presque toujours en discorde entr'eux, communiquerent leurs passions & leurs fureurs aux peuples, & l'univers étonné vit naître, sous *la loi de grace*, des querelles & des malheurs qu'il n'avoit jamais éprouvés sous les divinités paisibles qui s'étoient autrefois partagé, sans dispute, les hommages des mortels.

Telle fut la marche d'une superstition, innocente dans son origine, mais qui par la suite, loin de procurer le bonheur aux hommes, fut pour eux une pomme de discorde, & le germe fécond de leurs calamités.

*Paix sur la terre, & bonne volonté aux hommes.* C'est ainsi que s'annonce cet évangile, qui a coûté au genre humain plus de sang que toutes les autres religions du monde prises collectivement. *Aimez votre Dieu de toutes vos forces, & votre prochain comme vous-même.* Voilà, ſelon le Légiſlateur & le Dieu des chrétiens, la ſomme de leurs devoirs: cependant, nous voyons les chrétiens dans l'impoſſibilité d'aimer ce Dieu farouche, ſévere & capricieux, qu'ils adorent; &, d'un autre côté, nous les voyons éternellement occupés à tourmenter, à perſécuter, à détruire leur prochain, & leurs freres. Par quel renverſement une religion, qui ne reſpire que la douceur, la concorde, l'humilité, le pardon des injures, la ſoumiſſion aux Souverains, eſt-elle mille fois devenue le ſignal de la diſcorde, de la fureur, de la révolte, de la guerre, & des crimes les plus noirs? Comment les prêtres du Dieu de paix ont-ils pu faire ſervir ſon nom de prétexte, pour troubler la ſociété, pour en bannir l'humanité, pour autoriſer les forfaits les plus inouis, pour mettre les citoyens aux priſes, pour aſſaſſiner les Souverains?

Pour expliquer toutes ces contradictions, il suffit de jetter les yeux sur le Dieu que les Chrétiens ont hérité des Juifs. Non contens des couleurs affreuses, sous lesquelles Moïse l'a peint, les chrétiens ont encore défiguré son tableau. Les châtimens passagers de cette vie sont les seuls dont parle le législateur Hébreu; le chrétien voit son Dieu barbare se vengeant avec rage, & sans mesure, pendant l'éternité. En un mot, le fanatisme des chrétiens se nourrit par l'idée révoltante d'un enfer, où leur Dieu, changé en un bourreau aussi injuste qu'implacable, s'abreuvera des larmes de ses créatures infortunées, & perpétuera leur existence, pour continuer à la rendre éternellement malheureuse. Là, occupé de sa vengeance, il jouira des tourmens du pécheur; il écoutera avec plaisir les hurlemens inutiles dont il fera retentir son cachot embrasé. L'espérance de voir finir ſes peines ne mettra point d'intervalle entre ſes ſupplices.

En un mot, en adoptant le Dieu terrible des Juifs, le chriſtianiſme enchérit encore ſur ſa cruauté : il le représente comme le tyran le plus inſenſé, le plus fourbe, le plus cruel, que l'eſprit humain puiſſe concevoir; il ſuppoſe qu'il traite ſes ſujets avec une injuſtice & une barbarie vraiment dignes d'un démon. Pour nous convaincre de cette vérité, expoſons le tableau de la mythologie Judaïque, adoptée & rendue plus extravagante par les chrétiens.

---

## CHAPITRE IV.

### *De la Mythologie chrétienne, ou des idées que le chriſtianiſme nous donne de Dieu & de ſa conduite.*

DIEU, par un acte inconcevable de ſa toute-puiſſance, fait ſortir l'univers du néant * ; il crée le monde pour être la demeure de l'homme, qu'il a fait à son image ; à peine cet homme, unique objet des travaux de son Dieu, a-t-il vu la lumiere, que son créateur lui tend un piége, auquel il savoit sans doute qu'il devoit succomber. Un serpent, qui parle, séduit une femme, qui n'est point surprise de ce phénomène ; celle-ci, persuadée par le serpent, sollicite son mari de manger un fruit défendu par Dieu lui-même. *Adam*, le pere du genre humain, par cette faute légere, attire sur lui-même, & sur sa postérité innocente, une foule de maux, que la mort suit, sans encore les terminer. Par l'offense d'un

---

* Les anciens Philosophes regardoient comme un axiome, que *rien ne se fait de rien*. La création, telle que les chrétiens l'admettent aujourd'hui, c'est-à-dire, l'éduction du néant, est une invention théologique assez moderne. Le mot *Barah*, dont la Genése se sert, signifie *faire, arranger, disposer une matiere déjà existente*.

ſeul homme, la race humaine entiere devient l'objet du courroux céleſte; elle eſt punie d'un aveuglement involontaire, par un déluge univerſel. Dieu ſe repent d'avoir peuplé le monde; il trouve plus facile de noyer & de détruire l'eſpéce humaine, que de changer ſon cœur.

Cependant un petit nombre de juſtes échappe à ce fléau; mais la terre ſubmergée, le genre humain anéanti, ne ſuffiſent point encore à ſa vengeance implacable. Une race nouvelle paroît; quoique ſortie des amis de Dieu, qu'il a ſauvés du naufrage du monde, cette race recommence à l'irriter par de nouveaux forfaits; jamais le Tout-puiſſant ne parvient à rendre ſa créature telle qu'il la deſire; une nouvelle corruption s'empare des nations, nouvelle colere de la part de *Jehovah*.

Enfin, partial dans ſa tendreſſe & dans ſa préférence, il jette les yeux ſur un Aſſyrien idolâtre; il fait une alliance avec lui ; il lui promet que sa race, multipliée comme les étoiles du ciel, ou comme les grains de sable de la mer, jouira toujours de la faveur de son Dieu ; c'est à cette race choisie que Dieu révèle ses volontés ; c'est pour elle qu'il dérange cent fois l'ordre qu'il avoit établi dans la nature ; c'est pour elle qu'il est injuste, qu'il détruit des nations entieres. Cependant, cette race favorisée n'en est pas plus heureuse, ni plus attachée à son Dieu ; elle court toujours à des Dieux étrangers, dont elle attend des secours que le sien lui refuse ; elle outrage ce Dieu qui peut l'exterminer. Tantôt ce Dieu la punit, tantôt il la console, tantôt il la hait sans motifs, tantôt il l'aime sans plus de raison. Enfin, dans l'impossibilité où il se trouve de ramener à lui un peuple pervers, qu'il chérit avec opiniâtreté, il lui envoye son propre fils. Ce fils n'en est point écouté. Que dis-je ? ce fils chéri, égal à

Dieu son pere, est mis à mort par un peuple, objet de la tendresse obstinée de son pere, qui se trouve dans l'impuissance de sauver le genre humain, sans sacrifier son propre fils. Ainsi, un Dieu innocent devient la victime d'un Dieu juste qui l'aime; tous deux consentent à cet étrange sacrifice, jugé nécessaire par un Dieu, qui sait qu'il sera inutile à une nation endurcie, que rien ne changera. La mort d'un Dieu, devenue inutile pour Israël, servira donc du moins à expier les péchés du genre humain? Malgré l'éternité de l'alliance, jurée solemnellement par le Très-Haut, & tant de fois renouvellée avec ses descendans, la nation favorisée se trouve enfin abandonnée par son Dieu, qui n'a pu la ramener à lui. Les mérites des souffrances & de la mort de son fils sont appliqués aux nations jadis exclues de ses bontés; celles-ci sont réconciliées avec le ciel, devenu désormais plus juſte à leur égard ; le genre humain rentre en grace. Cependant, malgré les efforts de la Divinité, ſes faveurs ſont inutiles, les hommes continuent à pécher ; ils ne ceſſent d'allumer la colere céleſte, & de ſe rendre dignes des châtimens éternels, deſtinés au plus grand nombre d'entr'eux.

Telle eſt l'hiſtoire fidelle du Dieu ſur lequel le chriſtianiſme ſe fonde. D'après une conduite ſi étrange, ſi cruelle, ſi oppoſée à toute raiſon, eſt-il donc ſurprenant de voir les adorateurs de ce Dieu n'avoir aucune idée de leurs devoirs, méconnoître la juſtice, fouler aux pieds l'humanité, & faire des efforts, dans leur enthouſiaſme, pour s'aſſimiler à la divinité barbare qu'ils adorent, & qu'ils ſe propoſent pour modéle? Quelle indulgence l'homme eſt-il en droit d'attendre d'un Dieu qui n'a pas épargné ſon propre fils? Quelle indulgence l'homme chrétien, perſuadé de cette fable, aura-t-il pour ſon ſemblable ? Ne doit-il pas s'imaginer que le moyen le plus sûr de lui plaire, eſt d'être auſſi féroce que lui * ?

Au moins eſt-il évident que les ſectateurs d'un Dieu pareil doivent avoir une morale incertaine, & dont les principes n'ont aucune fixité. En effet, ce Dieu n'eſt point toujours injuſte & cruel ; ſa conduite varie ; tantôt il crée la nature entiere pour l'homme ; tantôt il ne ſemble avoir créé ce même homme, que pour exercer ſur lui ſes fureurs arbitraires ; tantôt il le chérit, malgré ſes fautes ; tantôt il condamne la race humaine au malheur, pour une

* On nous donne la mort du fils de Dieu, comme une preuve indubitable de ſa bonté ; n'eſt-elle pas plutôt une preuve indubitable de ſa férocité, de ſa vengeance implacable, de ſa cruauté ? Un bon chrétien, en mourant, diſoit, „ qu'il n'avoit jamais pu concevoir qu'un „ Dieu bon eût fait mourir un Dieu innocent, „ pour appaiſer un Dieu juſte „.

pomme. Enfin, ce Dieu immuable eſt alternativement agité par l'amour & la colere, par la vengeance & la pitié, par la bienveillance & le regret; il n'a jamais, dans ſa conduite, cette uniformité qui caractériſe la ſageſſe. Partial dans ſon affection pour une nation mépriſable, & cruel ſans raiſon pour le reſte du genre humain, il ordonne la fraude, le vol, le meurtre, & fait à ſon peuple chéri un devoir de commettre, ſans balancer, les crimes les plus atroces, de violer la bonne foi, de mépriſer le droit des gens. Nous le voyons, dans d'autres occaſions, défendre ces mêmes crimes, ordonner la juſtice, & preſcrire aux hommes de s'abſtenir des choſes qui troublent l'ordre de la ſociété. Ce Dieu, qui s'appelle à la fois le Dieu des *vengeances*, le Dieu des *miſéricordes*, le Dieu des *armées* & le Dieu de *la paix*, ſouffle continuellement le froid & le chaud; par conſéquent il laiſſe chacun de ses adorateurs maître de la conduite qu'il doit tenir; & par-là, sa morale devient arbitraire. Est-il donc surprenant, après cela, que les chrétiens n'aient jamais jusqu'ici pu convenir entr'eux, s'il étoit plus conforme, aux yeux de leur Dieu, de montrer de l'indulgence aux hommes, que de les exterminer pour des opinions? En un mot, c'est un problême pour eux, de savoir s'il est plus expédient d'égorger & d'assassiner ceux qui ne pensent point comme eux, que de les laisser vivre en paix, & de leur montrer de l'humanité.

Les chrétiens ne manquent point de justifier leur Dieu de la conduite étrange, & si souvent inique, que nous lui voyons tenir dans les livres sacrés. Ce Dieu, disent-ils, maître absolu des créatures, peut en disposer à son gré, sans qu'on puisse, pour cela, l'accuser d'injustice, ni lui demander compte de ses actions: sa justice n'est point celle de l'homme ; celui-ci n'a point le droit de blâmer. Il eſt aiſé de ſentir l'inſuffiſance de cette réponſe. En effet, les hommes, en attribuant la juſtice à leur Dieu, ne peuvent avoir idée de cette vertu, qu'en ſuppoſant qu'elle reſſemble, par ſes effets, à la juſtice dans leurs ſemblables. Si Dieu n'eſt point juſte comme les hommes, nous ne ſavons plus comment il l'eſt, & nous lui attribuons une qualité dont nous n'avons aucune idée. Si l'on nous dit que Dieu ne doit rien à ſes créatures, on le ſuppoſe un tyran, qui n'a de régle que ſon caprice, qui ne peut, dès lors, être le modéle de notre juſtice, qui n'a plus de rapports avec nous, vû que tous les rapports doivent être réciproques. Si Dieu ne doit rien à ſes créatures, comment celles-ci peuvent-elles lui devoir quelque choſe ? Si, comme on nous le répète ſans ceſſe, les hommes ſont, relativement à Dieu, *comme l'argille dans les mains du potier*, il ne peut y avoir de rapports moraux entre eux & lui. C'eſt néanmoins ſur ces rapports que toute religion eſt fondée : ainſi, dire que Dieu ne doit rien à ſes créatures, & que ſa juſtice n'eſt point la même que celle des hommes, c'eſt ſapper les fondemens de toute juſtice & de toute religion, qui ſuppoſe que Dieu doit récompenſer les hommes pour le bien, & les punir pour le mal qu'ils font.

On ne manquera pas de nous dire, que c'eſt dans un autre vie que la juſtice de Dieu ſe montrera ; cela poſé, nous ne pouvons l'appeller juſte dans celle-ci, où nous voyons ſi ſouvent la vertu opprimée, & le vice récompenſé. Tant que les choſes ſeront en cet état, nous ne ſerons point à portée d'attribuer la juſtice à un Dieu, qui ſe permet, au moins pendant cette vie, la ſeule dont nous puiſſions juger, des injuſtices paſſageres que l'on le ſuppoſe difpofé à réparer quelque jour. Mais cette fuppofition elle-même n'eft-elle pas très-gratuite ? & fi ce Dieu a pu confentir d'être injufte un moment, pourquoi nous flatterions-nous qu'il ne le fera point encore dans la fuite? Comment d'ailleurs concilier une juftice, auffi fujette à fe démentir, avec l'immutabilité de ce Dieu ?

Ce qui vient d'être dit de la juftice de Dieu, peut encore s'attribuer à la bonté qu'on lui attribue, & fur laquelle les hommes fondent leurs devoirs à fon égard. En effet, fi ce Dieu eft tout-puiffant, s'il eft l'auteur de toutes chofes, fi rien ne fe fait que par fon ordre, comment lui attribuer la bonté, dans un monde, où fes créatures font expofées à des maux continuels, à des maladies cruelles, à des révolutions phyfiques & morales, enfin à la mort? Les hommes ne peuvent attribuer la bonté à Dieu, que d'après les biens qu'ils en reçoivent; dès qu'ils éprouvent du mal, ce Dieu n'eſt plus bon pour eux. Les théologiens mettent à couvert la bonté de leur Dieu, en niant qu'il ſoit l'auteur du mal, qu'ils attribuent à un génie malfaiſant, emprunté du magiſme, qui eſt perpétuellement occupé à nuire au genre humain, & à fruſtrer les intentions favorables de la providence ſur lui. Dieu, nous diſent ces docteurs, n'eſt point l'auteur du mal, il le permet ſeulement. Ne voyent-ils pas que permettre le mal, eſt la même choſe que le commettre, dans un agent tout-puiſſant qui pourroit l'empêcher? D'ailleurs, ſi la bonté de Dieu a pu ſe démentir un inſtant, quelle aſſurance avons-nous qu'elle ne ſe démentira pas toujours? Enfin, dans le ſyſtème chrétien, comment concilier avec la bonté de Dieu, ou avec ſa ſageſſe, la conduite ſouvent barbare, & les ordres ſanguinaires que les livres ſaints lui attribuent? Comment un chrétien peut-il attribuer la bonté à un Dieu, qui n'a créé le plus grand nombre des hommes que pour les damner éternellement ?

On nous dira, sans doute, que la conduite de Dieu est pour nous un mystere impénétrable ; que nous ne sommes point en droit de l'examiner ; que notre foible raison se perdroit toutes les fois qu'elle voudroit sonder les profondeurs de la sagesse divine ; qu'il faut l'adorer en silence, & nous soumettre, en tremblant, aux oracles d'un Dieu qui a lui-même fait connoître ses volontés : on nous ferme la bouche, en nous disant que la Divinité s'est révélée aux hommes.

## CHAPITRE V.

### *De la Revelation.*

COMMENT, sans le secours de la raison, connoître s'il est vrai que la Divinité ait parlé ? Mais, d'un autre côté, la religion chrétienne ne proſcrit-elle pas la raiſon? n'en défend-elle pas l'uſage dans l'examen des dogmes merveilleux qu'elle nous préſente? ne déclame-t-elle pas ſans ceſſe contre *une raiſon prophane*, qu'elle accuſe d'inſuffiſance, & que ſouvent elle regarde comme une révolte contre le ciel? Avant de pouvoir juger de la révélation divine, il faudroit avoir une idée juſte de la Divinité. Mais où puiſer cette idée, ſinon dans la révélation elle-même, puiſque notre raiſon eſt trop foible pour s'élever juſqu'à la connoiſſance de l'Etre ſuprême? Ainſi, la révélation elle-même nous prouvera l'autorité de la révélation. Malgré ce cercle vicieux, ouvrons les livres qui doivent nous éclairer, & auxquels nous devons ſoumettre notre raiſon. Y trouvons-nous des idées préciſes ſur ce Dieu dont on nous annonce les oracles? Saurons-nous à quoi nous en tenir ſur ſes attributs? Ce Dieu n'eſt-il

pas

pas un amas de qualités contradictoires, qui en font une enigme inexplicable ? Si, comme on le suppose, cette révélation est émanée de Dieu lui-même, comment se fier au Dieu des chrétiens, qui se peint comme injuste, comme faux, comme dissimulé, comme tendant des piéges aux hommes, comme se plaisant à les séduire, à les aveugler, à les endurcir; comme faisant des signes pour les tromper, comme répandant sur eux l'esprit de vertige & d'erreur * ? Ainsi, dès les premiers pas, l'homme, qui veut s'assurer de la révélation chrétienne, est jetté dans la défiance & dans la perpléxité; il ne sait si le Dieu, qui lui

---

* Dans l'Ecriture & les Peres de l'Eglise, Dieu est toujours représenté comme un séducteur. Il permet qu'Eve soit séduite par un serpent; il endurcit le cœur de Pharaon; Jésus-Christ *est une pierre d'achoppement*. Voilà les points de vue sous lesquels on nous montre la divinité.

a parlé, n'a pas deſſein de le tromper lui-même, comme il en a trompé
tant d'autres, de ſon propre aveu:
d'ailleurs, n'eſt-il pas forcé de le penſer, lorſqu'il voit les diſputes inter-
minables de ſes guides ſacrés, qui jamais n'ont pu s'accorder ſur la façon
d'entendre les oracles précis d'une Divinité qui s'eſt expliquée.

Les incertitudes & les craintes de
celui qui examine de bonne foi la révélation adoptée par les chrétiens, ne
doivent-elles point redoubler, quand
il voit que ſon Dieu n'a prétendu ſe
faire connoître qu'à quelques êtres fa-
voriſés, tandis qu'il a voulu reſter caché pour le reſte des mortels, à qui
pourtant cette révélation étoit également néceſſaire? Comment ſaura-t-il
s'il n'eſt pas du nombre de ceux à qui
ſon Dieu partial n'a pas voulu ſe faire
connoître? Son cœur ne doit-il pas ſe
troubler à la vue d'un Dieu, qui ne
conſent à ſe montrer, & à faire an-

noncer ses décrets, qu'à un nombre d'hommes très-peu considérable, si on le compare à toute l'espece humaine? N'est-il pas tenté d'accuser ce Dieu d'une malice bien noire, en voyant que, faute de se manifester à tant de nations, il a causé, pendant une longue suite de siécles, leur perte nécessaire? Quelle idée peut-il se former d'un Dieu qui punit des millions d'hommes, pour avoir ignoré des loix secrettes, qu'il n'a lui-même publiées qu'à la dérobée, dans un coin obscur & ignoré de l'Asie?

Ainsi, lorsque le chrétien consulte même les livres révélés, tout doit conspirer à le mettre en garde contre le Dieu qui lui parle; tout lui inspire de la défiance contre son caractere moral; tout devient incertitude pour lui; son Dieu, de concert avec les interprêtes de ses prétendues volontés, semble avoir formé le projet de redoubler les ténébres de son ignorance. En effet, pour fixer ses doutes, on lui dit que les volontés révélées sont des *mysteres*, c'est-à-dire, des choses inaccessibles à l'esprit humain. Dans ce cas, qu'étoit-il besoin de parler? Un Dieu ne devoit-il se manifester aux hommes, que pour n'être point compris? Cette conduite n'est-elle pas aussi ridicule qu'insensée? Dire que Dieu ne s'est révélé que pour annoncer des mysteres, c'est dire que Dieu ne s'est révélé que pour demeurer inconnu, pour nous cacher ses voies, pour dérouter notre esprit, pour augmenter notre ignorance & nos incertitudes.

Une révélation qui seroit véritable, qui viendroit d'un Dieu juste & bon, & qui seroit nécessaire à tous les hommes, devroit être assez claire pour être entendue de tout le genre humain. La révélation, sur laquelle le judaïsme & le christianisme se fondent, est-elle donc dans ce cas? Les élémens d'Euclide sont intelligibles pour tous ceux qui veulent les entendre ; cet ouvrage n'excite aucune dispute parmi les géometres. La bible est-elle aussi claire, & les vérités révélées n'occasionnent-elles aucunes disputes entre les théologiens qui les annoncent? Par quelle fatalité les écritures, révélées par la Divinité même, ont-elles encore besoin de commentaires, & demandent-elles des lumieres d'en haut, pour être crues & entendues? N'est-il pas étonnant, que ce qui doit servir à guider tous les hommes, ne soit compris par aucun d'eux? N'est-il pas cruel, que ce qui est le plus important pour eux, leur soit le moins connu? Tout est mysteres, ténébres, incertitudes, matiere à disputes, dans une religion annoncée par le Très-Haut pour éclairer le genre humain. L'ancien & le nouveau testamens renferment des vérités essentielles aux hommes, néanmoins personne ne les peut comprendre ; chacun les entend diversement, & les théologiens ne sont jamais d'accord sur la façon de les interpréter. Peu contens des mysteres contenus dans les livres sacrés, les prêtres du christianisme en ont inventés de siécle en siécle, que leurs disciples sont obligés de croire, quoique leur fondateur & leur Dieu n'en ait jamais parlé. Aucun chrétien ne peut douter des mysteres de la Trinité, de l'Incarnation, non plus que de l'efficacité des sacremens, & cependant Jésus-Christ ne s'est jamais expliqué sur ces choses. Dans la religion chrétienne, tout semble abandonné à l'imagination, aux caprices, aux décisions arbitraires de ses ministres, qui s'arrogent le droit de forger des mysteres & des articles de foi, suivant que leurs intérêts l'exigent. C'est ainsi que cette révélation se perpétue, par le moyen de l'Eglise, qui se prétend inspirée par la Divinité, & qui, bien loin d'éclairer l'esprit de ses enfans, ne fait que le confondre, & le plonger dans une mer d'incertitudes.

Tels sont les effets de cette révélation, qui sert de base au christianisme, & de la réalité de laquelle il n'est pas permis de douter. Dieu, nous dit-on, a parlé aux hommes; mais quand a-t-il parlé? Il a parlé, il y a des milliers d'années, à des hommes choisis, qu'il a rendus ses organes; mais comment s'assurer s'il est vrai que ce Dieu ait parlé, sinon en s'en rapportant au témoignage de ceux mêmes qui disent avoir reçu ses ordres? Ces interprêtes des volontés divines sont donc des hommes; mais des hommes ne sont-ils pas sujets à se tromper eux-mêmes, & à tromper les autres? Comment donc connoître si l'on peut s'en fier aux témoignages que ces organes du ciel se rendent à eux-mêmes? Comment savoir s'ils n'ont point été les dupes d'une imagination trop vive, ou de quelqu'illusion? Comment découvrir aujourd'hui s'il eſt bien vrai que ce Moïſe ait converſé avec ſon Dieu, & qu'il ait reçu de lui la loi du peuple Juif, il y a quelques milliers d'années? Quel étoit le tempérament de ce Moïſe? Etoit-il flegmatique, ou enthouſiaſte; ſincere, ou fourbe; ambitieux, ou déſintéreſſé; véridique, ou menteur? Peut-on s'en rapporter au témoignage d'un homme, qui, après avoir fait tant de miracles, n'a jamais pu détromper ſon peuple de ſon idolâtrie, & qui, ayant fait paſſer quarante-ſept mille Iſraëlites au fil de l'épée, a le front de déclarer *qu'il eſt le plus doux des hommes*? Les livres, attribués à ce Moïſe, qui rapportent tant de faits arrivés après lui, ſont-ils bien autentiques? Enfin, quelle preuve avons-nous de ſa miſſion, ſinon le témoignage de ſix cens mille Iſraëlites, groſſiers & ſuperſtitieux, ignorans & crédules, qui furent peut-être les dupes d'un légiſlateur féroce, toujours prêt à les exterminer, ou qui n'eurent jamais connoiſſance de ce qu'on devoit écrire par la ſuite ſur le compte de ce fameux légiſlateur ?

Quelle preuve la religion chrétienne nous donne-t-elle de la miſſion de Jéſus-Chriſt ? Connoiſſons-nous ſon caractere & ſon tempérament ? Quel degré de foi pouvons-nous ajouter au témoignage de ſes diſciples, qui, de leur propre aveu, furent des hommes groſſiers & dépourvus de ſcience, par conſéquent ſuſceptibles de ſe laiſſer éblouir par les artifices d'un impoſteur adroit ? Le témoignage des perſonnes les plus inſtruites de Jéruſalem n'eut-il pas été d'un plus grand poids pour nous, que celui de quelques ignorans, qui ſont ordinairement les dupes de qui veut les tromper ? Cela nous conduit actuellement à l'examen des preuves ſur leſquelles le chriſtianiſme ſe fonde.

## CHAPITRE VI.

*DES preuves de la religion chrétienne; des miracles; des prophéties; des martyrs.*

NOUS avons vu, dans les chapitres précédens, les motifs légitimes que nous avons de douter de la révélation faite aux Juifs & aux Chrétiens : d'ailleurs, relativement à cet article, le christianisme n'a aucun avantage sur toutes les autres religions du monde, qui toutes, malgré leur discordance, se disent émanées de la Divinité, & prétendent avoir un droit exclusif à ses faveurs. L'Indien assure que le *Brama* lui-même est l'auteur de son culte. Le Scandinave tenoit le sien du redoutable *Odin*. Si le Juif & le Chrétien ont reçu le leur de *Jehovah*, par le ministere de Moïse & de Jésus, le Mahométan assure qu'il a reçu le sien par son prophéte, inspiré du même

Dieu. Ainsi, toutes les religions se disent émanées du ciel ; toutes interdisent l'usage de la raison, pour examiner leurs titres sacrés ; toutes se prétendent vraies, à l'exclusion des autres ; toutes menacent du courroux divin ceux qui refuseront de se soumettre à leur autorité ; enfin toutes ont le caractere de la fausseté, par les contradictions palpables dont elles sont remplies ; par les idées informes, obscures, & souvent odieuses, qu'elles donnent de la Divinité ; par les loix bizarres qu'elles lui attribuent ; par les disputes qu'elles font naître entre leurs sectateurs : enfin, toutes les religions, que nous voyons sur la terre, ne nous montrent qu'un amas d'impostures & de rêveries qui révoltent également la raison. Ainsi, du côté des prétentions, la religion chrétienne n'a aucun avantage sur les autres superstitions dont l'univers est infecté, & son origine céleste lui est contestée, par toutes les autres, avec autant de raiſon qu'elle conteſte la leur.

Comment donc ſe décider en ſa faveur? Par où prouver la bonté de ſes titres? A-t-elle des caracteres diſtinctifs qui méritent qu'on lui donne la préférence, & quels ſont-ils? Nous fait-elle connoître, mieux que toutes les autres, l'eſſence & la nature de la Divinité? Hélas! elle ne fait que la rendre plus inconcevable; elle ne montre en elle qu'un tyran capricieux, dont les fantaiſies ſont tantôt favorables, & le plus ſouvent nuiſibles à l'eſpéce humaine. Rend-elle les hommes meilleurs? Hélas! nous voyons que par-tout elle les diviſe, elle les met aux priſes, elle les rend intolérants, elle les force d'être les bourreaux de leurs freres. Rend-elle les Empires floriſſans & puiſſans? Partout où elle régne, ne voyons-nous pas les peuples aſſervis, dépourvus de vigueur, d'énergie, d'activité, croupir dans une honteuse léthargie, & n'avoir aucune idée de la vraie morale? Quels sont donc les signes auxquels on veut que nous reconnoissions la supériorité du christianisme sur les autres religions? C'est, nous dit-on, à ses miracles, à ses prophéties, à ses martyrs. Mais je vois des miracles, des prophéties, & des martyrs dans toutes les religions du monde. Je vois partout des hommes, plus rusés & plus instruits que le vulgaire, le tromper par des prestiges, & l'éblouir par des œuvres, qu'il croit surnaturelles, parce qu'il ignore les secrets de la nature & les ressources de l'art.

Si le Juif me cite des miracles de Moïse, je vois ces prétendues merveilles opérées aux yeux du peuple le plus ignorant, le plus stupide, le plus abject, le plus crédule, dont le témoignage n'est d'aucun poids pour moi. D'ailleurs, je puis soupçonner que ces miracles ont été insérés dans

port des historiens qui nous en ont parlé. L'existence d'un homme, d'un général d'armée, d'un héros, n'est pas incroyable; il n'en est pas de même d'un miracle *. Nous ajoutons foi aux faits vraisemblables rapportés par Tite-Live, tandis que nous rejettons, avec mépris, les miracles qu'il nous raconte. Un homme joint souvent la crédulité la plus stupide aux talens les plus distingués; le christianisme lui-même nous en fournit des exemples sans nombre. En matiere de religion, tous les témoignages sont suspects;

---

* Un fait surnaturel demande, pour être cru, des témoignages plus forts qu'un fait qui n'a rien contre la vraisemblance. Il est facile de croire qu'Apollonius de Thyane a existé; je m'en rapporte là-dessus à Philostrate, parce que son existence n'a rien qui choque la raison; mais je ne crois plus Philostrate, quand il me dit qu'Apollonius faisoit des miracles. Je crois bien que Jésus-Christ est mort; mais je ne crois point qu'il soit ressuscité.

l'homme

l'homme le plus éclairé voit très-mal, lorsqu'il est saisi d'enthousiasme ou, ivre de fanatisme, ou séduit par son imagination. Un miracle est une chose impossible; Dieu ne seroit point immuable, s'il changeoit l'ordre de la nature.

On nous dira, peut-être, que, sans changer l'ordre des choses, Dieu, ou ses favoris, peuvent trouver dans la nature des ressources inconnues aux autres hommes; mais alors leurs œuvres ne seront point surnaturelles, & n'auront rien de merveilleux. Un miracle est un effet contraire aux loix constantes de la nature; par conséquent, Dieu lui-même, sans blesser sa sagesse, ne peut faire des miracles. Un homme sage, qui verroit un miracle, seroit en droit de douter s'il a bien vu; il devroit examiner si l'effet extraordinaire, qu'il ne comprend pas, n'est pas dû à quelque cause naturelle, dont il ignoreroit la maniere d'agir.

Mais accordons, pour un instant, que les miracles soient possibles, & que ceux de Jésus ont été véritables, ou du moins n'ont point été insérés dans les évangiles longtems après le tems où ils ont été opérés. Les témoins qui les ont transmis, les Apôtres qui les ont vus, sont-ils bien dignes de foi, & leur témoignage n'est-il point récusable ? Ces témoins étoient-ils bien éclairés ? De l'aveu même des chrétiens, c'étoient des hommes sans lumieres, tirés de la lie du peuple, par conséquent crédules & incapables d'examiner. Ces témoins étoient-ils désintéressés ? Non ; ils avoient, sans doute, le plus grand intérêt à soutenir des faits merveilleux, qui prouvoient la Divinité de leur maître, & la vérité de la religion qu'ils vouloient établir. Ces mêmes faits ont-ils été confirmés par les historiens contemporains ? Aucun d'eux n'en a parlé, & dans une ville, aussi superstitieuse que

Jérusalem, il ne s'est trouvé, ni un seul Juif, ni un seul payen, qui aient entendu parler des faits les plus extraordinaires & les plus multipliés que l'histoire ait jamais rapportés. Ce ne sont jamais que des chrétiens qui nous attestent les miracles du Christ. On veut que nous croyions, qu'à la mort du fils de Dieu la terre ait tremblé, le soleil se soit éclipsé, les morts soient sortis du tombeau. Comment des événemens si extraordinaires n'ont-ils été remarqués que par quelques chrétiens? Furent-ils donc les seuls qui s'en apperçurent? On veut que nous croyions que le Christ est ressuscité; on nous cite pour témoins, des Apôtres, des femmes, des disciples. Une apparition solemnelle, faite dans une place publique, n'eut-elle pas été plus décisive, que toutes ces apparitions clandestines, faites à des hommes intéressés à former une nouvelle secte? La foi chrétienne est fondée, selon S. Paul, sur la résurrection de Jésus-Christ ; il falloit donc que ce fait fût prouvé aux nations, de la façon la plus claire & la plus indubitable *. Ne peut-on point accuser de malice le Sauveur du monde, pour ne s'être montré qu'à ses disciples & à ses favoris ? Il ne vouloit donc point que tout le monde crût en lui ? Les Juifs, me dira-t-on, en mettant le Christ à mort, méritoient d'être aveuglés. Mais, dans ce cas, pourquoi les Apôtres leur prêchoient-ils l'évangile ? Pouvoient-ils espérer qu'on ajoûtât plus de foi à leur rapport, qu'à ses propres yeux ?

---

* Les Bazilidiens & les Cérinthiens, hérétiques qui vivoient du tems de la naissance du christianisme, soutenoient que Jésus n'étoit point mort, & que Simon le Cyrénéen avoit été crucifié en sa place. Voyez *S. Epiphan. her. ch. 28*. Voilà, dès le berceau de l'Eglise, des hommes qui révoquent en doute la mort, & par conséquent la résurrection de Jésus-Christ, & l'on veut que nous la croyions aujourd'hui !

Au reste, les miracles ne semblent inventés, que pour suppléer à de bons raisonnemens ; la vérité & l'évidence n'ont pas besoin de miracles pour se faire adopter. N'est-il pas bien surprenant, que la Divinité trouve plus facile de déranger l'ordre de la nature, que d'enseigner aux hommes des vérités claires, propres à les convaincre ; capables d'arracher leur assentiment ? Les miracles n'ont été inventés, que pour prouver aux hommes des choses impossibles à croire ; il ne seroit pas besoin de miracles, si on leur parloit raison. Ainsi, ce sont des choses incroyables, qui servent de preuves à d'autres choses incroyables. Presque tous les imposteurs, qui ont apporté des religions aux peuples, leur ont annoncé des choses improbables ; ensuite ils ont fait des miracles, pour les obliger à croire les choses qu'ils leur annonçoient. *Vous ne pouvez*, ont-ils dit, *comprendre ce que je vous dis ; mais je vous prouve que je dis vrai, en faiſant à vos yeux des choſes que vous ne pouvez pas comprendre.* Les Peuples ſe ſont payés de ces raiſons ; la paſſion pour le merveilleux les empêcha toujours de raiſonner ; ils ne virent point que des miracles ne pouvoient prouver des choſes impoſſibles, ni changer l'eſſence de la vérité. Quelques merveilles que pût faire un homme, ou, ſi l'on veut, un Dieu lui-même, elles ne prouveront jamais, que deux & deux ne font point quatre, & que trois ne font qu'un ; qu'un être immatériel, & dépourvu d'organes, ait pu parler aux hommes ; qu'un être ſage, juſte & bon, ait pu ordonner des folies, des injuſtices, des cruautés, &c. D'où l'on voit que les miracles ne prouvent rien, ſinon l'adreſſe & l'impoſture de ceux qui veulent tromper les hommes, pour confirmer les menſonges qu'ils leur ont annnoncés, & la crédulité ſtupide de ceux que ces impoſteurs ſéduiſent. Ces derniers ont toujours commencé par mentir, par donner des idées fauſſes de la Divinité, par prétendre avoir eu un commerce intime avec elle; & pour prouver ces merveilles incroyables, ils faiſoient des œuvres incroyables, qu'ils attribuoient à la toute-puiſſance de l'être qui les envoyoit. Tout homme, qui fait des miracles, n'a point de vérités, mais des menſonges, à prouver. La vérité eſt ſimple & claire; le merveilleux annonce toujours la fauſſeté. La nature eſt toujours vraie; elle agit par des loix qui ne ſe démentent jamais. Dire que Dieu fait des miracles, c'eſt dire qu'il ſe contredit lui-même; qu'il dément les loix qu'il a preſcrites à la nature; qu'il rend inutile la raiſon humaine, dont on le fait l'auteur. Il n'y a que des impoſteurs qui puiſſent nous dire de renoncer à l'expérience & de bannir la raiſon.

Ainſi, les prétendus miracles, que

le christianisme nous raconte, n'ont, comme ceux de toutes les autres religions, que la crédulité des peuples, leur enthousiasme, leur ignorance, & l'adresse des imposteurs pour base. Nous pouvons en dire autant des prophéties. Les hommes furent de tout tems curieux de connoître l'avenir; ils trouverent, en conséquence, des hommes disposés à les servir. Nous voyons des enchanteurs, des devins, des prophétes, dans toutes les nations du monde. Les Juifs ne furent pas plus favorisés, à cet égard, que les Tartares, les Négres, les Sauvages, & tous les autres peuples de la terre, qui tous posséderent des imposteurs, prêts à les tromper pour des présens. Ces hommes merveilleux dûrent sentir bientôt que leurs oracles devoient être vagues & ambigus, pour n'être point démentis par les effets. Il ne faut donc point être surpris si les prophéties judaïques sont obscures, & de nature à y trouver tout ce que l'on veut y chercher. Celles que les chrétiens attribuent à Jésus-Christ, ne sont point vues du même œil par les Juifs, qui attendent encore ce Messie, que ces premiers croient arrivé depuis 18 siécles. Les prophétes du judaïsme ont annoncé de tout tems, à une nation inquiete & mécontente de son sort, un libérateur, qui fut pareillement l'objet de l'attente des Romains, & de presque toutes les nations du monde. Tous les hommes, par un penchant naturel, espérent la fin de leurs malheurs, & croyent que la providence ne peut se dispenser de les rendre plus fortunés. Les Juifs, plus superstitieux que tous les autres peuples, se fondant sur la promesse de leur Dieu, ont dû toujours attendre un conquérant, ou un Monarque, qui fît changer leur sort, & qui les tirât de l'opprobre. Comment peut-on voir ce libérateur dans la personne de Jésus, le destructeur, & non le restaurateur de la nation Hébraïque, qui, depuis lui, n'eut plus aucune part à la faveur de son Dieu?

On ne manquera pas de dire, que la destruction du peuple Juif, & sa dispersion, furent elles-mêmes prédites, & qu'elles fournissent une preuve convaincante des prophéties des chrétiens. Je réponds, qu'il étoit facile de prédire la dispersion & la destruction d'un peuple toujours inquiet, turbulent, & rebelle à ses maîtres; toujours déchiré par des divisions intestines: d'ailleurs, ce peuple fut souvent conquis & dispersé; le temple, détruit par Titus, l'avoit déja été par Nabuchodonosor, qui amena les tribus captives en Assyrie, & les répandit dans ses Etats. Nous nous appercevons de la dispersion des Juifs, & non de celle des autres nations conquises, parce que celles-ci, au bout d'un certain tems, se sont toujours confondues avec la nation conquérante, au lieu que les Juifs ne se mêlent point avec les nations parmi lesquelles ils habitent, & en demeurent toujours distingués. N'en est-il pas de même des *Guébres*, ou *Parsis* de la Perse & de l'Indostan, ainsi que des Arméniens qui vivent dans les pays Mahométans? Les Juifs demeurent dispersés, parce qu'ils sont insociables, intolérans, & aveuglément attachés à leurs superstitions *.

Ainsi, les chrétiens n'ont aucune raison pour se vanter des prophéties contenues dans les livres mêmes des Hébreux, ni de s'en prévaloir contre ceux-ci, qu'ils regardent comme les conservateurs des titres d'une religion

---

* Les actes des Apôtres prouvent évidemment que, dès avant Jésus-Christ, les Juifs étoient dispersés; il en vint de la Gréce, de la Perse, de l'Arabie, &c. à Jérusalem, pour la fête de la Pentecôte. Voyez *les actes, ch. 2. ℣. 8.* Ainsi, après Jésus, il n'y eut que les habitans de la Judée qui furent dispersés par les Romains.

qu'ils abhorrent. La Judée fut de tout tems soumise aux prêtres, qui eurent une influence très-grande sur les affaires de l'Etat, qui se mêlerent de la politique, & de prédire les événemens heureux, ou malheureux, qu'elle avoit lieu d'attendre. Nul pays ne renferma un plus grand nombre d'inspirés; nous voyons que les prophétes tenoient des écoles publiques, où ils initioient aux mystères de leur art, ceux qu'ils en trouvoient dignes, ou qui vouloient, en trompant un peuple crédule, s'attirer des respects, & se procurer des moyens de subsister à ses dépens *.

L'art de prophétiser fut donc un

* S. Jérôme prétend que les Saducéens n'adoptoient point les prophétes, se contentant d'admettre les cinq livres de Moïse. Dodwell, *de jure laïcorum*, dit que c'étoit en buvant du vin, que les prophétes se disposoient à prophétiser. Voyez *p. 259*. Il paroît qu'ils étoient des jongleurs, des danseurs, des poëtes & des musiciens, qui apprenoient, comme par-tout, leur métier.

vrai métier, ou, si l'on veut, une branche de commerce fort utile & lucrative dans une nation misérable, & persuadée que son Dieu n'étoit sans cesse occupé que d'elle. Les grands profits, qui résultoient de ce trafic d'impostures, dûrent mettre de la division entre les prophétes Juifs; aussi voyons-nous qu'ils se décrioient les uns les autres; chacun traitoit son rival de *faux prophéte*, & prétendoit qu'il étoit inspiré de l'esprit malin. Il y eût toujours des querelles entre les imposteurs, pour savoir à qui demeureroit le privilége de tromper leurs concitoyens.

En effet, si nous examinons la conduite de ces prophétes si vantés de l'ancien testament, nous ne trouverons en eux rien moins que des personnages vertueux. Nous voyons des prêtres arrogans, perpétuellement occupés des affaires de l'Etat, qu'ils surent toujours lier à celles de la religion;

nous voyons en eux des ſujets ſéditieux, continuellement cabalans contre les Souverains qui ne leur étoient point aſſez ſoumis, traverſans leurs projets, ſoulevans les peuples contr'eux, & parvenans ſouvent à les détruire, & à faire accomplir ainſi les prédictions funeſtes qu'ils avoient faites contr'eux. Enfin, dans la plûpart des prophétes, qui jouerent un rôle dans l'hiſtoire des Juifs, nous voyons des rebelles occupés ſans relâche du ſoin de bouleverſer l'Etat, de ſuſciter des troubles, & de combattre l'autorité civile, dont les prêtres furent toujours les ennemis, lorſqu'ils ne la trouverent point aſſez complaiſante, aſſez ſoumiſe à leurs propres intérêts *. Quoi qu'il en ſoit, l'obſcurité étudiée des prophé-

* Le Prophéte Samuel, mécontent de Saül, qui refuſa de ſe prêter à ſes cruautés, le déclare déchu de la couronne, & lui ſuſcite un rival dans la perſonne de David. Elie ne paroît avoir été qu'un ſéditieux, qui eut du deſſous dans ſes

ties permit d'appliquer celles qui avoient le Messie, ou le libérateur d'Israël, pour objet, à tout homme singulier, à tout enthousiaste, ou prophéte, qui parut à Jérusalem, ou en Judée. Les chrétiens, dont l'esprit est échauffé de l'idée de leur Christ, ont cru le voir par-tout, & l'ont distinctement apperçu dans les passages les plus obscurs de l'ancien testament. A force d'allégories, de subtilités, de commentaires, d'interprêtations for-

---

querelles avec ses Souverains, & qui fut obligé de se soustraire, par la fuite, à de justes châtimens. Jérémie nous fait entendre lui-même qu'il étoit un traître, qui s'entendoit avec les Assyriens contre sa patrie assiégée : il ne paroît occupé que du soin d'ôter à ses concitoyens le courage & la volonté de se défendre ; il achete un champ de ses parens, dans le tems même où il annonce à ses compatriotes qu'ils vont être dispersés & menés en captivité. Le Roi d'Assyrie recommande ce prophéte à son général Nabuzardan, & lui dit d'avoir grand soin de lui. Voyez *Jérémie.*

cées, ils sont parvenus à se faire illusion à eux-mêmes, & à trouver des prédictions formelles dans les rêveries décousues, dans les oracles vagues, dans le fatras bizarre des prophétes *.

---

* Il est aisé de tout voir dans la bible, en s'y prenant comme fait S. Augustin, qui a vu tout le nouveau testament dans l'ancien. Selon lui, le sacrifice d'Abel est l'image de celui de Jésus-Christ; les deux femmes d'Abraham sont la Synagogue & l'Eglise; un morceau de drap rouge, exposé par une fille de joie, qui trahissoit Jéricho, signifioit le sang de Jésus-Christ; l'agneau, le bouc, le lion, sont des figures de Jésus-Christ; le serpent d'airain représente le sacrifice de la croix; les mystères même du christianisme sont annoncés dans l'ancien testament; la manne annonce l'Eucharistie, &c. Voy. *S. Aug. serm. 78. & son Ep. 157.* Comment un homme sensé peut-il voir dans l'*Emmanuel*, annoncé par Isaïe, le Messie, dont le nom est *Jésus*? Voyez *Isaïe ch. 7. ℣. 14.* Comment découvrir, dans un Juif obscur, & mis à mort, *un chef qui gouvernera le peuple d'Israël?* Comment voir un Roi libérateur, un restaurateur des Juifs, dans un homme, qui,

Les hommes ne se rendent point difficiles sur les choses qui s'accordent avec leurs vues. Quand nous voudrons envisager sans prévention les prophéties des Hébreux, nous n'y verrons que des rapsodies informes, qui ne sont que l'ouvrage du fanatisme & du délire ; nous trouverons ces prophéties obscures & énigmatiques, com-

---

bien loin de délivrer ses concitoyens, est venu pour détruire la loi des Juifs, & après la venue duquel leur petite contrée est désolée par les Romains ? Il faut un profond aveuglement pour trouver le Messie dans ces prédictions. Jésus lui-même ne paroît pas avoir été plus clair, ni plus heureux dans ses prophéties. Dans l'évangile de *S. Luc*, *chap. 21.* il annonce visiblement le jugement dernier ; il parle des anges, qui, au son de la trompette, rassembleront les hommes, pour comparoître devant lui. Il ajoute : *Je vous dis, en vérité, que cette génération ne passera point, sans que ces prédictions soient accomplies.* Cependant le monde dure encore, & les Chrétiens, depuis dix-huit cens ans, attendent le jugement dernier.

me les oracles des payens ; enfin, tout nous prouvera, que ces prétendus oracles divins n'étoient que les délires & les impostures de quelques hommes accoutumés à tirer parti de la crédulité d'un peuple superstitieux, qui ajoutoit foi aux songes, aux visions, aux apparitions, aux sortiléges, & qui recevoit avidement toutes les rêveries qu'on vouloit lui débiter, pourvu qu'elles fussent ornées du merveilleux. Par-tout où les hommes seront ignorans, il y aura des prophétes, des inspirés, des faiseurs de miracles ; ces deux branches de commerce diminueront toujours dans la même proportion que les nations s'éclaireront.

Enfin, le christianisme met au nombre des preuves de la vérité de ses dogmes ; un grand nombre de *martyrs*, qui ont scellé de leur sang la vérité des opinions religieuses qu'ils avoient embrassées. Il n'est point de religion sur la terre qui n'ait eu ses défenseurs ardens, prêts à sacrifier leur vie pour les idées auxquelles on leur avoit persuadé que leur bonheur éternel étoit attaché. L'homme superstitieux & ignorant est opiniâtre dans ses préjugés; sa crédulité l'empêche de soupçonner que ses guides spirituels aient jamais pu le tromper ; sa vanité lui fait croire, que lui-même il n'a pu prendre le change ; enfin, s'il a l'imagination assez forte, pour voir les cieux ouverts, & la divinité prête à récompenser son courage, il n'est point de supplice qu'il ne brave & qu'il n'endure. Dans son ivresse, il méprisera des tourmens de peu de durée ; il rira au milieu des bourreaux ; son esprit aliéné le rendra même insensible à la douleur. La pitié amollit alors le cœur des spectateurs ; ils admirent la fermeté merveilleuse du martyr ; son enthousiasme les gagne ; ils croyent sa cause juste ; & son courage, qui leur paroît surnaturel & divin, devient une preuve indubitable de la vérité de ses opinions. C'est ainsi que, par une espece de contagion, l'enthousiasme se communique ; l'homme s'intéresse toujours à celui qui montre le plus de fermeté, & la tyrannie attire des partisans à tous ceux qu'elle persécute. Ainsi, la constance des premiers Chrétiens dut, par un effet naturel, lui former des prosélytes, & les martyrs ne prouvent rien, sinon la force de l'enthousiasme, de l'aveuglement, de l'opiniatreté, que la superstition peut produire, & la cruelle démence de tous ceux qui persécutent leurs semblables pour des opinions religieuses.

Toutes les passions fortes ont leurs martyrs ; l'orgueil, la vanité, les préjugés, l'amour, l'enthousiasme du bien public, le crime même, font tous les jours des martyrs, ou du moins font que ceux que ces objets enivrent, ferment les yeux sur les dangers. Est-il

donc surprenant que l'enthousiasme

& le fanatifme, les deux paffions les plus fortes chez les hommes, aient fi fouvent fait affronter la mort à ceux qu'elles ont enivrés des efpérances qu'elles donnent? D'ailleurs, fi le chriftianifme a fes martyrs, dont il fe glorifie, le judaïfme n'a-t-il pas les fiens? Les Juifs infortunés, que l'inquifition condamne aux flammes, ne font-ils pas des martyrs de leur religion, dont la conftance prouve autant en fa faveur, que celle des martyrs chrétiens peut prouver en faveur du chriftianifme? Si les martyrs prouvoient la vérité d'une religion, il n'eft point de religion, ni de fecte, qui ne pût être regardée comme véritable.

Enfin, parmi le nombre, peut-être éxagéré, des martyrs dont le chriftianifme fe fait honneur, il en eft plufieurs qui furent plûtôt les victimes d'un zéle inconfidéré, d'une humeur turbulente, d'un efprit féditieux, que d'un efprit religieux. L'église elle-même n'ose point justifier ceux que leur fougue imprudente a quelquefois poussés jusqu'à troubler l'ordre public, à briser les idoles, à renverser les temples du paganisme. Si des hommes de cette espéce étoient regardés comme des martyrs, tous les séditieux, tous les perturbateurs de la société, auroient droit à ce titre, lorsqu'on les fait punir.

## CHAPITRE VII.

### *Des mystères de la religion chrétienne.*

RÉVÉLER quelque chose à quelqu'un, c'est lui découvrir des secrets qu'il ignoroit auparavant *. Si on de-

* Dans les religions payennes, on révéloit des mystères aux initiés; on leur apprenoit alors quelque chose qu'ils ne savoient pas. Dans la religion chrétienne, on leur révèle qu'ils doivent croire des Trinités, des Incarnations, des Résurrections, &c. &c. &c. c'est-à-dire, des choses qu'ils ne comprennent pas plus, que si

mande aux Chrétiens quels font les fecrets importans qui exigeoient que Dieu lui-même fe donnât la peine de les révéler, ils nous diront que le plus grand de ces fecrets, & le plus néceffaire au genre humain, eft celui de l'unité de la divinité; fecret que, felon eux, les hommes euffent été par eux-mêmes incapables de découvrir. Mais ne fommes-nous pas en droit de leur demander fi cette affertion eft bien vraie? On ne peut point douter que Moïfe n'ait annoncé un Dieu unique aux Hébreux, & qu'il n'ait fait tous fes efforts pour les rendre ennemis de l'idolâtrie & du polythéïfme des autres nations, dont il leur repréfenta la croyance & le culte comme abominables aux yeux du Monarque célefte qui les avoit tirés d'E-

on ne leur avoit rien révélé, ou qui les plongent dans une plus grande ignorance qu'auparavant.

gypte. Mais un grand nombre de ſages du paganiſme, ſans le ſecours de la révélation judaïque, n'ont-ils pas découvert un Dieu ſuprême, maître de tous les autres dieux? D'ailleurs, le deſtin, auquel tous les autres dieux du paganiſme étoient ſubordonnés, n'étoit-il pas un Dieu unique, dont la nature entiere ſubiſſoit la loi ſouveraine? Quant aux traits, ſous leſquels Moïſe a peint ſa divinité, ni les Juifs, ni les Chrétiens, n'ont point droit de s'en glorifier. Nous ne voyons en lui qu'un deſpote bizarre, colere, rempli de cruauté, d'injuſtice, de partialité, de malignité, dont la conduite doit jetter tout homme, qui le médite, dans la plus affreuſe perpléxité. Que ſera-ce, ſi l'on vient à lui joindre des attributs inconcevables, que la théologie chrétienne s'efforce de lui attribuer? Eſt-ce connoître la divinité, que de dire que c'eſt un *eſprit*, un être *immatériel*, qui ne reſſemble à rien de ce que les ſens nous font connoître? L'eſprit humain n'eſt-il pas confondu par les attributs négatifs *d'infinité*, *d'immenſité*, *d'éternité*, *de toute-puiſſance*, *d'omniſcience*, &c. dont on n'a orné ce Dieu, que pour le rendre plus inconcevable? Comment concilier la ſageſſe, la bonté, la juſtice, & les autres qualités morales que l'on donne à ce Dieu, avec la conduite étrange, & ſouvent atroce, que les livres des Chrétiens & des Hébreux lui attribuent à chaque page? N'eut-il pas mieux valu laiſſer l'homme dans l'ignorance totale de la divinité, que de lui révéler un Dieu rempli de contradictions, qui prête ſans ceſſe à la diſpute, & qui lui ſert de prétexte pour troubler ſon repos? Révéler un pareil Dieu, c'eſt ne rien découvrir aux hommes, que le projet de les jetter dans les plus grands embarras, & de les exciter à ſe quereller, à ſe nuire, à ſe rendre malheureux.

Quoi qu'il en ſoit, eſt-il bien vrai

que le christianisme n'admette qu'un seul Dieu, le même que celui de Moïse? Ne voyons-nous pas les Chrétiens adorer une divinité triple, sous le nom de *Trinité*? Le Dieu suprême génére de toute éternité un fils égal à lui; de l'un & de l'autre de ces dieux, il en procéde un troisieme, égal aux deux premiers; ces trois dieux, égaux en divinité, en perfection, en pouvoir, ne forment néanmoins qu'un seul Dieu. Ne suffit-il donc pas d'exposer ce système, pour en montrer l'absurdité? N'est-ce donc que pour révéler de pareils mystères, que la divinité s'est donné la peine d'instruire le genre humain? Les nations les plus ignorantes, & les plus sauvages, ont-elles enfanté des opinions plus monstrueuses, & plus propres à dérouter la raison *? Cependant les écrits de Moïse

* Le dogme de la Trinité est visiblement emprunté des rêveries de Platon, ou peut-être des allégories sous lesquelles ce philosophe ro-

ne contiennent rien qui ait pu don-

---

manesque cherchoit à cacher sa doctrine. Il paroît que c'est à lui que le christianisme est redevable de la plûpart de ses dogmes. Platon admettoit trois *hypostases*, ou façons d'être de la divinité. La premiere constitue le *Dieu suprême*; la seconde le *Logos*, le verbe, l'intelligence divine, engendrée du premier Dieu; la troisieme est l'*esprit*, ou l'ame du monde. Les premiers docteurs du christianisme paroissent avoir été platoniciens : leur enthousiasme trouvoit, sans doute, dans Platon, une doctrine analogue à leur religion : s'ils eussent été reconnoissans, ils auroient dû en faire un prophéte, ou un pere de l'église. Les Missionnaires Jésuites ont trouvé au Thibet une divinité presque semblable à celle de nos pays : chez ces Tartares, Dieu s'appelle *Kon-cio-cik*, Dieu unique, & *Kon-cio-sum*, Dieu triple. Sur leurs chapelets, ils disent, *om*, *ha*, *hum*, intelligence; bras, puissance; ou parole, cœur, amour. Ces trois mots sont un des noms de la divinité. Voyez *Lettres édif. tom. 15*. Le nombre *trois* fut toujours révéré des anciens; parce que, dans les langues orientales, *salem*, qui signifie *trois*, signifie aussi *salut*.

ner lieu à ce ſyſtème ſi étrange ; ce n'eſt que par des explications forcées, que l'on prétend trouver le dogme de la Trinité dans la bible. Quant aux Juifs, contens du Dieu unique, que leur légiſlateur leur avoit annoncé, ils n'ont jamais ſongé à le tripler.

Le ſecond de ces dieux, ou, ſuivant le langage des Chrétiens, *la ſeconde perſonne de la Trinité*, s'eſt revêtue de la nature humaine, s'eſt incarnée dans le ſein d'une vierge, & rénonçant à ſa divinité, s'eſt ſoumiſe aux infirmités attachées à notre eſpéce, & même a ſouffert une mort ignominieuſe pour expier les péchés de la terre. Voilà ce que le chriſtianiſme appelle *le myſtère de l'incarnation*. Qui ne voit que ces notions abſurdes ſont empruntées des Egyptiens, des Indiens & des Grecs, dont les ridicules mythologies ſuppoſoient des dieux revêtus de la forme humaine, & ſujets, comme les hommes, à des infirmités *?

Ainsi, le christianisme nous ordonne de croire, qu'un Dieu fait homme, sans nuire à sa divinité, a pu souffrir, mourir, a pu s'offrir en sacrifice à lui-même, n'a pu se dispenser de tenir une conduite aussi bizarre, pour appaiser sa propre colere. C'est là ce que les Chrétiens nomment le mystère de *la rédemption* du genre humain.

Il est vrai que ce Dieu mort est ressuscité; semblable en cela à l'Adonis de Phénicie, à l'Osyris d'Egypte, à l'Atys de Phrygie, qui furent jadis les emblêmes d'une nature périodique-

---

* Les Egyptiens paroissent être les premiers qui aient prétendu que leurs dieux aient pris des corps. *Foé*, le dieu du peuple Chinois, est né d'une vierge, fécondée par un rayon du soleil. Personne ne doute, dans l'Indostan, des incarnations de *Vistnou*. Il paroît que les théologiens de toutes les nations, désespérés de ne pouvoir s'élever jusqu'à Dieu, l'ont forcé de descendre jusqu'à eux.

ment mourante & renaiſſante, le Dieu des Chrétiens renaît de ſes propres cendres, & ſort triomphant du tombeau.

Tels ſont les ſecrets merveilleux, ou les myſtères ſublimes, que la religion chrétienne découvre à ſes diſciples; telles ſont les idées, tantôt grandes, tantôt abjectes, mais toujours inconcevables, qu'elle nous donne de la divinité; voilà donc les lumieres que la révélation donne à notre eſprit! Il ſemble, que celle que les Chrétiens adoptent, ne ſe ſoit propoſé que de redoubler les nuages qui voilent l'eſſence divine aux yeux des hommes. Dieu, nous dit-on, a voulu ſe rendre ridicule, pour confondre la curioſité de ceux que l'on aſſure pourtant qu'il vouloit illuminer par une grace ſpéciale. Quelle idée peut-on ſe former d'une révélation, qui, loin de rien apprendre, ſe plaît à confondre les notions les plus claires?

Ainsi, nonobstant la révélation, si vantée par les Chrétiens, leur esprit n'a aucune lumiere sur l'être qui sert de base à toute religion ; au contraire, cette fameuse révélation ne sert qu'à obscurcir toutes les idées que l'on pourroit s'en former. L'écriture sainte l'appelle un *Dieu caché*. David nous dit qu'*il place sa retraite dans les ténébres, que les eaux troubles & les nuages forment le pavillon qui le couvre*. Enfin, les Chrétiens, éclairés par Dieu lui-même, n'ont de lui que des idées contradictoires, des notions incompatibles, qui rendent son existence douteuse, ou même impossible, aux yeux de tout homme qui consulte sa raison*.

En effet, comment concevoir un Dieu, qui, n'ayant créé le monde que pour le bonheur de l'homme, permet pourtant que la plus grande partie de

---

* Un pere de l'Eglise a dit : *Tunc Deum maximè cognoscimus, cùm ignorare eum cognoscimus.*

la race humaine ſoit malheureuſe en ce monde & dans l'autre? Comment un Dieu, qui jouit de la ſuprême félicité, pourroit-il s'offenſer des actions de ſes créatures? Ce Dieu eſt donc ſuſceptible de douleur; ſon être peut donc ſe troubler; il eſt donc dans la dépendance de l'homme, qui peut à volonté le réjouir ou l'affliger. Comment un Dieu puiſſant laiſſe-t-il à ſes créatures une liberté funeſte, dont elles peuvent abuſer pour l'offenſer, & ſe perdre elles-mêmes? Comment un Dieu peut-il ſe faire homme, & comment l'auteur de la vie & de la nature peut-il mourir lui-même? Comment un Dieu unique peut-il devenir triple, ſans nuire à ſon unité? On nous répond, que toutes ces choſes ſont des myſtères; mais ces myſtères détruiſent l'exiſtence même de Dieu. Ne ſeroit-il pas plus raiſonnable d'admettre dans la nature, avec Zoroaſtre, ou Manès, deux principes, ou deux puissances opposées, que d'admettre, avec le christianisme, un Dieu tout-puissant, qui n'a pas le pouvoir d'empêcher le mal; un Dieu juste, mais partial; un Dieu clément, mais implacable, qui punira, pendant une éternité, les crimes d'un moment; un Dieu simple, qui se triple; un Dieu, principe de tous les êtres, qui peut consentir à mourir, faute de pouvoir satisfaire autrement à sa justice divine? Si dans un même sujet les contraires ne peuvent subsister en même tems, l'existence du Dieu des Juifs & des Chrétiens est sans doute impossible; d'où l'on est forcé de conclure, que les docteurs du christianisme, par les attributs dont ils se sont servis pour orner, ou plûtôt pour défigurer la divinité, au lieu de la faire connoître, n'ont fait que l'anéantir, ou du moins la rendre méconnoissable. C'est ainsi, qu'à force de fables & de mystères, la révélation n'a fait que troubler la raiſon des hommes, & rendre incertaines les notions ſimples qu'ils peuvent ſe former de l'être néceſſaire, qui gouverne la nature par des loix immuables. Si l'on ne peut nier l'exiſtence d'un Dieu, il eſt au moins certain que l'on ne peut admettre celui que les Chrétiens adorent, & dont leur religion prétend leur révéler la conduite, les ordres & les qualités. Si c'eſt être *athée*, que de n'avoir aucune idée de la Divinité, la théologie chrétienne ne peut être regardée que comme un projet d'anéantir l'exiſtence de l'être ſuprême *.

---

* Jamais les Théologiens Chrétiens n'ont été d'accord entr'eux ſur les preuves de l'exiſtence d'un Dieu. Ils ſe traitent réciproquement d'*athées*, parce que leurs démonſtrations ne ſont jamais les mêmes. Il eſt très-peu de gens, parmi les Chrétiens, qui aient écrit ſur l'exiſtence de Dieu, ſans ſe faire accuſer d'*athéiſme*. Deſcartes, Clarke, Paſcal, Arnauld, Nicole, ont été regardés comme des *athees*; la raiſon en eſt bien ſimple : il eſt totalement impoſſible de

## CHAPITRE VIII.

### *Autres myſtères & dogmes du Chriſtianiſme.*

PEU contens des nuages myſtérieux que le chriſtianiſme a répandus ſur la Divinité, & des fables judaïques qu'il avoit adoptées ſur ſon compte, les docteurs chrétiens ne ſemblent s'être occupés que du ſoin de multiplier les myſtères, & de confondre de plus en plus la raiſon dans leurs diſciples. La

prouver l'exiſtence d'un être auſſi bizarre que celui dont le chriſtianiſme a fait ſon Dieu. On nous dira, ſans doute, que les hommes n'ont point de meſures pour juger de la Divinité, & que leur eſprit eſt trop borné, pour s'en former une idée; mais, dans ce cas, pourquoi en raiſonner ſans ceſſe? Pourquoi lui aſſigner des qualités qui ſe détruiſent les unes les autres? Pourquoi en raconter des fables? Pourquoi ſe quereller & s'égorger, ſur la façon d'entendre les rêveries qu'on débite ſur ſon compte?

religion, destinée à éclairer les nations, n'est qu'un tissu d'énigmes; c'est un dédale, d'où il est impossible au bon sens de se tirer. Ce que les superstitions anciennes ont cru de plus inconcevable, dut nécessairement trouver place dans un système religieux, qui se faisoit un principe d'imposer un silence éternel à la raison. Le fatalisme des Grecs, entre les mains des Prêtres Chrétiens, s'est changé en *prédestination*. Suivant ce dogme tyrannique, le Dieu des miséricordes destine le plus grand nombre des malheureux mortels à des tourmens éternels; il ne les place, pour un tems, dans ce monde, que pour qu'ils y abusent de leurs facultés, de leur liberté, afin de se rendre dignes de la colere implacable de leur créateur. Un Dieu, rempli de prévoyance & de bonté, donne à l'homme un *libre arbitre*, dont ce Dieu sait bien qu'il fera un usage assez pervers, pour mériter la damnation éternelle. Ainsi, la Divinité ne donne le jour au plus grand nombre des hommes, ne leur donne des penchans nécessaires à leur bonheur, ne leur permet d'agir, que pour avoir le plaisir de les plonger dans l'enfer. Rien de plus affreux que les peintures que le christianisme nous fait de ce séjour, destiné à la plus grande partie de la race humaine. Un Dieu miséricordieux s'abreuvera, pendant l'éternité, des larmes des infortunés, qu'il n'a fait naître que pour être malheureux; le pécheur, renfermé dans des cachots ténébreux, sera livré, pour toujours, aux flammes dévorantes; les voutes de cette prison ne retentiront que de grincemens de dents, de hurlemens; les tourmens, qu'on y éprouvera, au bout de millions de siécles, ne feront que commencer, & l'espérance consolante, de voir un jour finir ces peines, manquera, & sera ravie elle-même; en un mot, Dieu, par un acte de sa toute-puissance, rendra l'homme susceptible de souffrir, sans interruption & sans terme; sa justice lui permettra de punir des crimes finis, & dont les effets sont limités par le tems, par des supplices infinis pour la durée & pour l'éternité. Telle est l'idée que le Chrétien se forme du Dieu qui exige son amour. Ce tyran ne le crée, que pour le rendre malheureux; il ne lui donne la raison, que pour le tromper; des penchans, que pour l'égarer; la liberté, que pour le déterminer à faire ce qui doit le perdre à jamais; enfin, il ne lui donne des avantages sur les bêtes, que pour avoir occasion de l'exposer à des tourmens, dont ces bêtes, ainsi que les substances inanimées, sont exemptes. Le dogme de la prédestination rend le sort de l'homme bien plus fâcheux, que celui des pierres & & des brutes *.

---

* Le dogme de la prédestination gratuite fait

Il eſt vrai que le chriſtianiſme promet un ſéjour délicieux à ceux que la Divinité aura choiſis pour être les objets de ſon amour ; mais ce lieu n'eſt réſervé qu'à un petit nombre d'élus,

---

la baſe de la religion judaïque. Dans les écrits de Moïſe, on voit un Dieu partial pour le peuple qu'il a choiſi, & injuſte pour toutes les autres nations. La théologie & l'hiſtoire des Grecs nous montrent par-tout des hommes punis par les dieux, pour des crimes néceſſaires, & prédits par des oracles. Nous en avons des exemples dans Oreſte, dans OEdipe, dans Ajax, &c. De tout tems, les hommes ont fait de Dieu le plus injuſte de tous les êtres. Parmi nous, ſelon les Janſéniſtes, Dieu n'accorde ſa grace qu'à qui lui plaît, ſans avoir égard au mérite, ce qui eſt bien plus conforme au fataliſme judaïque, chrétien & payen, que la doctrine des Moliniſtes, qui prétendent que Dieu accorde ſa grace à tous ceux qui la méritent, & qui la demandent. Il eſt certain, que des Chrétiens conſéquens ſont de vrais *fataliſtes*. Ils s'en tirent, en diſant, que les voies de Dieu ſont des myſtères; mais, ſi ce ſont des myſtères, pourquoi en raiſonnent-ils toujours?

qui, ſans aucun mérite de leur part, auront pourtant des droits ſur la bonté de leur Dieu, partial pour eux, & cruel pour le reſte des humains.

C'eſt ainſi que le *Tartare* & l'*Eliſée* de la mythologie payenne, inventés par des impoſteurs, qui vouloient, ou faire trembler les hommes, ou les ſéduire, ont trouvé place dans le ſyſtème religieux des Chrétiens, qui changerent les noms de ces ſéjours en ceux de *Paradis* & d'*Enfer*. On ne manquera pas de nous dire, que le dogme des récompenſes & des peines d'une autre vie, eſt utile & néceſſaire aux hommes, qui, ſans cela, ſe livreroient ſans crainte aux plus grands excès. Je réponds, que le légiſlateur des Juifs leur avoit ſoigneuſement caché ce prétendu myſtère, & que le dogme de la vie future faiſoit partie du ſecret que, dans les myſtères des Grecs, on révéloit aux initiés. Ce dogme fut ignoré du vulgaire; la ſociété ne laiſſoit pas de ſubſiſter : d'ailleurs, ce ne ſont point des terreurs éloignées, que les paſſions préſentes mépriſent toujours, ou du moins rendent problématiques, qui contiennent les hommes; ce ſont de bonnes loix; c'eſt une éducation raiſonnable; ce ſont des principes honnêtes. Si les Souverains gouvernoient avec ſageſſe & avec équité, ils n'auroient pas beſoin du dogme des récompenſes & des peines futures, pour contenir les peuples. Les hommes ſeront toujours plus frappés des avantages préſens, & des châtimens viſibles, que des plaiſirs & des ſupplices qu'on leur annonce dans une autre vie. La crainte de l'enfer ne retiendra point des criminels, que la crainte du mépris, de l'infamie, du gibet, n'eſt point capable de retenir. Les nations chrétiennes ne ſont-elles point remplies de malfaiteurs, qui bravent ſans ceſſe l'enfer, de l'exiſtence duquel ils n'ont jamais douté?

Quoi qu'il en ſoit, le dogme de la vie future ſuppoſe que l'homme ſe ſurvivra à lui-même, ou du moins, qu'après ſa mort il ſera ſuſceptible des récompenſes & des peines que la religion lui fait prévoir. Suivant le chriſtianiſme, les morts reprendront un jour leurs corps; par un miracle de la toute-puiſſance, les molécules diſſoutes & diſperſées, qui compoſoient leurs corps, ſe rapprocheront; elles ſe combineront de nouveau avec leurs ames immortelles : telles ſont les idées merveilleuſes que préſente le dogme de la *Réſurrection*. Les Juifs, dont le légiſlateur n'a jamais parlé de cet étrange phénomene, paroiſſent avoir puiſé cette doctrine chez les Mages, durant leur captivité à Babylone ; cependant elle ne fut point univerſellement admiſe parmi eux. Les Phariſiens admettoient la réſurrection des morts, les Saducéens la rejettoient; aujourd'hui elle eſt un des points fondamentaux de la religion chrétienne *. *S*es ſecta-tateurs croyent fermement qu'ils reſſuſciteront un jour, & que leur réſurrection ſera ſuivie du jugement univerſel & de la fin du monde. Selon eux, Dieu qui ſait tout, & qui connoît juſqu'aux penſées les plus ſecrettes des hommes, viendra ſur les nuages,

---

* L'auteur de l'Eccléſiaſte, *ch. 3. v. 19.* compare la mort de l'homme à celle des animaux, & paroît au moins mettre en problême le dogme de l'immortalité de l'ame. Nous ne voyons pas, dans l'évangile, que Jéſus-Chriſt faſſe un crime aux Saducéens, de nier la réſurrection; cependant cet article méritoit bien quelques remarques de la part d'un Dieu, qui venoit d'apprendre tant de ſingularités aux hommes, & qui d'ailleurs devoit reſſuſciter lui-même. Il eſt vrai que Jéſus dit, dans l'évangile, que Dieu n'eſt pas le *Dieu des morts*; mais cela ne prouveroit pas la réſurrection, cela prouveroit plûtôt, qu'Abraham, qu'Iſaac, & que Jacob, ne ſont point morts, vû que ces patriarches ne ſont point encore reſſuſcités, du moins l'écriture ne nous l'apprend pas.

pour leur faire rendre un compte exact de leur conduite ; il les jugera avec le plus grand appareil, & d'après ce jugement, leur sort sera irrévocablement décidé ; les bons seront admis dans le séjour délicieux que la Divinité réserve à ses élus & aux anges ; les méchans seront précipités dans les flammes destinées aux démons, ennemis de Dieu & des hommes.

En effet, le christianisme admet des êtres invisibles d'une nature différente de l'homme, dont les uns exécutent les volontés du Très-Haut, & dont les autres sont perpétuellement occupés à traverser ses desseins. Les premiers sont connus sous le nom d'*Anges*, ou de messagers, subordonnés à Dieu : on prétend qu'il s'en sert pour veiller à l'administration de l'univers, & surtout à la conservation de l'homme. Ces êtres bienfaisans sont, suivant les Chrétiens, de *purs esprits* ; mais ils ont le pouvoir de se rendre sensibles, en prenant la forme humaine. Les livres ſacrés des Juifs & des Chrétiens ſont remplis d'apparitions de ces êtres merveilleux, que la Divinité envoyoit aux hommes qu'elle vouloit favoriſer, afin d'être leurs guides, leurs protecteurs, leurs dieux tutélaires. D'où l'on voit que les bons Anges ſont dans l'imagination des Chrétiens, ce que les Nymphes, les Lares, les Pénates, étoient dans l'imagination des Payens, & ce que les *Fées* étoient pour nos faiſeurs de romans.

Les êtres inconnus de la ſeconde eſpéce furent déſignés ſous le nom de *Démons*, de *Diables*, d'*Eſprits malins* : on les regarda comme les ennemis du genre humain, les tentateurs des hommes, des ſéducteurs, perpétuellement occupés à les faire tomber dans le péché. Les Chrétiens leur attribuent un pouvoir extraordinaire, la faculté de faire des miracles ſemblables à ceux du Très-Haut, & ſurtout une puiſſance qui balance la sienne, & qui parvient à rendre tous ses projets inutiles. En effet, quoique la religion chrétienne n'accorde point formellement au Démon la même puissance qu'à Dieu, elle suppose néanmoins, que cet esprit mal-faisant empêche les hommes de parvenir au bonheur que la Divinité bienfaisante leur destine, & conduit le plus grand nombre à la perdition : en un mot, d'après les idées du christianisme, l'empire du diable est bien plus étendu que celui de l'Etre suprême; celui-ci réussit à peine à sauver quelques élus, tandis que l'autre mene à la damnation la foule immense de ceux qui n'ont point la force de résister à ses inspirations dangereuses. Qui ne voit pas que *Satan*, que le démon, qui est un objet de terreur pour les Chrétiens, est emprunté du dogme des deux principes, admis jadis en Egypte & dans tout l'Orient? L'Osyris & le Typhon des

Egyptiens, l'Orosmade & l'Aharimane des Perses & des Chaldéens, ont sans doute fait naître la guerre continuelle qui subsiste entre le Dieu des Chrétiens & son redoutable adversaire. C'est par ce système, que les hommes ont cru se rendre compte des biens & des maux qui leur arrivent. Un diable tout-puissant sert à justifier la Divinité des malheurs nécessaires, & peu mérités, qui affligent le genre humain.

Tels sont les dogmes effrayans & mystérieux sur lesquels les Chrétiens sont d'accord; il en est plusieurs autres, qui sont propres à des sectes particulieres. C'est ainsi qu'une secte nombreuse du christianisme admet un lieu intermédiaire, sous le nom de *Purgatoire*, où des ames moins criminelles, que celles qui ont mérité l'enfer, sont reçues pour un tems, afin d'expier, par des supplices rigoureux, les fautes commises en cette vie; elles sont enſuite admiſes au ſéjour de l'éternelle félicité. Ce dogme, viſiblement emprunté des rêveries de Platon, eſt entre les mains des prêtres de l'Egliſe Romaine, une ſource intariſſable de richeſſes, vû qu'ils ſe ſont arrogé le pouvoir d'ouvrir les portes du Purgatoire, & qu'ils prétendent, que leurs prieres puiſſantes ſont capables de modérer la rigueur des décrets divins, & d'abréger les tourmens des ames, qu'un Dieu juſte a condamnées à ce ſéjour malheureux *.

---

* Il eſt évident, que c'eſt à Platon que les Catholiques Romains ſont redevables de leur *Purgatoire.* Ce philoſophe exalté diviſe les ames des hommes en *pures*, en *guériſſables*, & en *incurables.* Les premieres, qui avoient appartenu à des juſtes, retournoient, par refuſion, à l'ame univerſelle du monde, c'eſt-à-dire, à la Divinité, dont elles étoient émanées; les ſecondes alloient aux enfers, où tous les ans elles paſſoient en revue devant les juges de cet empire ténébreux; ceux-ci laiſſoient retourner à la lumiere les ames qui avoient ſuffiſamment ex-

Ce

Ce qui précéde, nous prouve que la religion chrétienne n'a point laissé manquer ses sectateurs d'objets de crainte & de terreur ; c'est en faisant trembler les hommes, qu'on parvient à les rendre soumis, & à troubler leur raison *.

---

pié leurs fautes : enfin, les ames incurables restoient dans le tartare, où elles étoient tourmentées pour toujours. Platon, ainsi que les Casuistes Chrétiens, indique les crimes, ou les fautes, qui méritoient ces différens degrés de châtimens.

Les Docteurs protestans, jaloux, sans doute, des richesses du clergé catholique, ont eu l'imprudence de rejetter le dogme du Purgatoire, par où ils ont beaucoup diminué leur propre crédit. Il eut peut-être été plus sage de bannir le dogme de l'enfer, d'où rien ne peut tirer les ames, que celui du Purgatoire, qui est beaucoup moins révoltant, & dont les prêtres ont la faculté de faire sortir, pour de l'argent.

* Mahomet a senti, de même que les docteurs Chrétiens, la nécessité d'effrayer les hom-

## CHAPITRE IX.

*Des rites, des cérémonies mystérieuses, ou de la Théurgie des Chrétiens *.*

SI les dogmes, enseignés par la religion Chrétienne, sont des mystères inaccessibles à la raison; si le Dieu, qu'elle annonce, est un Dieu inconcevable, nous ne devons pas être surpris de voir, que, dans ses rites &

mes, pour prendre de l'empire sur eux. „ Ceux, „ dit-il dans l'Alcoran, qui ne croyent point, „ seront revêtus d'un habit de feu; on versera „ de l'eau bouillante sur leurs têtes; leurs entrailles & leurs peaux seront mises en dissolution, & ils seront frappés avec des massues de „ fer. Toutes les fois qu'ils s'efforceront de sortir „ de l'enfer, pour se soustraire à leurs tourmens, on les y entraînera de nouveau, & „ & les démons leur diront: *Goûtez la douleur d'être brûlés* „. Voyez *l'Alcoran*, *ch. 8.*

* La Théurgie est cette sorte de magie, qui se faisoit, à l'aide des esprits bienfaisans.

ses cérémonies, cette religion conserve un ton inintelligible & mystérieux. Sous un Dieu, qui ne s'est révélé que pour confondre la raison humaine, tout doit être incompréhensible, tout doit mettre le bon sens en défaut.

La cérémonie la plus importante du christianisme, & sans laquelle nul homme ne peut être sauvé, s'appelle le *Baptême*; elle consiste à verser de l'eau sur la tête d'un enfant, ou d'un adulte, en invoquant la Trinité. Par la vertu mystérieuse de cette eau, & des paroles qui l'accompagnent, l'homme est spirituellement *régénéré*; il est lavé des souillures, transmises de race en race, depuis le premier pere du genre humain; en un mot, il devient enfant de Dieu, & susceptible d'entrer dans sa gloire, lorsqu'il sortira de ce monde. Cependant, suivant les Chrétiens, l'homme ne meurt qu'en conséquence du péché d'Adam; & si, par le Baptême, ce péché est effacé, comment arrive-t-il que les Chrétiens soient sujets à la mort? On nous dira peut-être, que c'est de la mort spirituelle, & non de la mort du corps, que J. C. a délivré les hommes; mais cette mort spirituelle n'est autre chose que le péché; & dans ce cas, comment peut-il se faire que les Chrétiens continuent à pécher, comme s'ils n'avoient point été rachetés & délivrés du péché? D'où l'on voit que le Baptême est un mystère impénétrable à la raison, dont l'expérience dément l'efficacité *.

* La cérémonie du Baptême se pratiquoit dans les mystères de Mythras; les initiés étoient par-là régénérés. Ce Mythras étoit aussi un médiateur. Quoique les docteurs Chrétiens regardent le Baptême comme nécessaire au salut, nous voyons cependant que S. Paul ne voulut point faire baptiser les Corinthiens. On voit aussi qu'il circoncit Timothée.

Dans quelques ſectes Chrétiennes, un évêque, ou un pontife, en prononçant des paroles, & en appliquant un peu d'huile ſur le front, fait deſcendre l'eſprit ſaint ſur un jeune homme, ou un enfant; par cette cérémonie, le Chrétien eſt *confirmé* dans ſa foi, & reçoit inviſiblement une foule de graces du Très-Haut.

Ceux de tous les Chrétiens, qui, par le renoncement le plus parfait à leur raiſon, entrent le plus dans l'eſprit de leur religion inconcevable, non contens des myſtères qui leur ſont communs avec les autres ſectes, en admettent un ſur-tout, qui eſt propre à cauſer la plus étrange ſurpriſe, c'eſt celui de la *Tranſubſtantiation*. A la voix redoutable d'un prêtre, le Dieu de l'univers eſt forcé de deſcendre du ſéjour de ſa gloire, pour ſe changer en pain; & ce pain, devenu Dieu, eſt l'objet des adorations d'un peuple qui ſe vante de déteſter l'dolâtrie *.

Dans les cérémonies puériles, auxquelles l'enthouſiaſme des Chrétiens attache le plus grand prix, l'on ne peut s'empêcher de voir des veſtiges

---

* Les Brames de l'Indoſtan diſtribuent du ris dans leurs pagodes : cette diſtribution ſe nomme *Prajadam*, ou Euchariſtie. Les Méxiquains croyoient une ſorte de tranſubſtantiation. Le P. Acoſta en fait mention, *l. V. chap. 24. de ſes voyages.* Ainſi, les Catholiques Romains ne ſont pas les ſeuls, qui aient donné dans cette extravagance. Cicéron croyoit l'eſprit humain incapable de pouſſer le délire juſqu'à manger ſon Dieu. V. *de Divinatione, lib. II.* Les Proteſtans ont eu aſſez de courage pour rejetter ce myſtère, quoiqu'il ſoit peut-être le plus formellement établi par Jéſus-Chriſt, qui dit poſitivement : *Prenez, & mangez; car ceci eſt mon corps.* Averroës diſoit : *Anima mea ſit cum Philoſophis, non verò cum Chriſtianis, gente ſtolidiſſimâ, qui Deum faciunt & comedunt.* Les Péruviens avoient une pâque, dans laquelle on immoloit un agneau, dont on mêloit le ſang avec de la farine, pour le diſtribuer au peuple. V. *Alnetanæ quæſt. lib. II. cap. 20. §. 5.*

très-marqués de la *Théurgie* pratiquée chez les peuples orientaux. La Divinité, forcée par le pouvoir magique de quelques paroles, accompagnées de cérémonies, obéit à la voix de ses prêtres, ou de ceux qui savent le secret de la faire agir, &, sur leurs ordres, elle opére des merveilles. Cette sorte de *magie* est perpétuellement exercée par les prêtres du christianisme : ils persuadent à leurs disciples, que des formules, reçues par tradition, que des actes arbitraires, que des mouvemens du corps, sont capables d'obliger ce Dieu de la nature à suspendre ses loix, à se rendre à leurs vœux, à répandre ses graces. Ainsi, dans cette religion, le prêtre acquiert le droit de commander à Dieu lui-même : c'est sur cet empire qu'il exerce sur son Dieu ; c'est sur cette Théurgie véritable, ou sur ce commerce mystérieux de la terre avec le ciel, que sont fondées les cérémonies puériles & ridicules, que les Chrétiens appellent *Sacremens*. Nous avons déja vu cette Théurgie dans le Baptême, dans la Confirmation, dans l'Euchariſtie; nous la retrouvons encore dans la *Pénitence*, c'eſt-à-dire, dans le pouvoir que s'arrogent les prêtres de quelques ſectes, de remettre, au nom du ciel, les péchés qu'on leur a confeſſés. Même Théurgie dans l'ordre, c'eſt-à-dire, dans ces cérémonies qui impriment à quelques hommes un caractere ſacré, qui les diſtingue des prophanes mortels. Même Théurgie dans ces fonctions & dans ces rites, qui fatiguent les derniers inſtans d'un mourant. Même Théurgie dans le *Mariage*, où le Chrétien ſuppoſe que cette union naturelle ne pourroit être approuvée du ciel, ſi les cérémonies d'un prêtre ne la rendoient valide, & ne lui procuroient la ſanction du Tout-puiſſant*.

* Chez les Catholiques Romains, les Sacre-

En un mot, nous voyons cette magie blanche, ou Théurgie, dans les *prieres*, les formules, la lithurgie, & dans toutes les cérémonies des Chrétiens; nous la trouvons dans l'opinion qu'ils ont, que des paroles, difpofées de certaine maniere, peuvent altérer les volontés de leur Dieu, & l'obliger à changer fes décrets immuables. Elle montre fon efficacité dans fes *exorcifmes*, c'eft-à-dire, dans les cérémonies, par lefquelles, à l'aide d'une eau magique, & de quelques paroles, on croit expulfer les efprits malins qui infeftent le genre humain. L'*eau bénite*, qui, chez les Chrétiens, a pris la place de l'*eau luftrale* des Romains, poffède, felon eux, les vertus les plus étonnantes; elle rend facrés les lieux & les chofes, qui étoient auparavant prophanes. Enfin, la Théurgie Chré-

---

mens font au nombre de fept, nombre cabaliftique, magique, & myftérieux.

tienne, employée par un pontife, dans le sacre des Rois, contribue à rendre les chefs des nations plus respectables aux yeux des peuples, & leur imprime un caractere tout divin.

Ainsi, tout est mystére, tout est magie, tout est incompréhensible dans les dogmes, ainsi que dans le culte d'une religion révélée par la Divinité, qui vouloit tirer le genre humain de son aveuglement.

---

## CHAPITRE X.

### *Des livres sacrés des Chrétiens.*

LA religion Chrétienne, pour montrer son origine céleste, fonde ses titres sur des livres qu'elle regarde comme sacrés, & comme inspirés par Dieu lui-même. Voyons donc si ses prétentions sont fondées; examinons si ces ouvrages portent réellement le caractere de la sagesse, de l'omniscience, de la perfection, que nous attribuons à la Divinité.

La bible, qui fait l'objet de la vénération des Chrétiens, dans laquelle il n'y a pas un mot qui ne soit inspiré, est formée par l'assemblage peu compatible des livres sacrés des Hébreux, connus sous le nom de l'*ancien Testament*, combinés avec des ouvrages plus récens, pareillement inspirés aux fondateurs du christianisme, connus sous le nom de *nouveau Testament*. A la tête de ce recueil, qui sert de fondement & de code à la religion Chrétienne, se trouvent cinq livres, attribués à Moïse, qui, en les écrivant, ne fut, dit-on, que le secrétaire de la Divinité. Il y remonte à l'origine des choses; il veut nous initier au mystère de la création du monde, tandis qu'il n'en a lui-même que des idées vagues & confuses, qui décèlent à chaque instant une ignorance profonde des loix de la Physique. Dieu crée le ſoleil, qui eſt, pour notre ſyſtème planétaire, la ſource de la lumiere, pluſieurs jours après avoir créé la lumiere. Dieu, qui ne peut être repréſenté par aucune image, crée l'homme à ſon image; il le crée *mâle* & *femelle*, & bientôt oubliant ce qu'il a fait, il crée la femme avec une des côtes de l'homme; en un mot, dès l'entrée de la bible, nous ne voyons que de l'ignorance & des contradictions *. Tout nous prouve que la coſmogonie des Hébreux n'eſt qu'un tiſſu de fables & d'allégories, incapable de nous donner aucune idée des choſes, & qui n'eſt

---

* S. Auguſtin avoue qu'il n'y a pas moyen de conſerver le vrai ſens des trois premiers chapitres de la Geneſe, ſans bleſſer la piété, ſans attribuer à Dieu des choſes indignes de lui, & qu'il faut recourir à l'allégorie. V. *S. Aug. de Geneſi, contra Manichæos. L. I. cap. 2.* Origene convient auſſi, que, ſi l'on prend à la lettre l'hiſtoire de la création, elle eſt abſurde & contradictoire. V. *Philoc. p. 12.*

propre qu'à contenter un peuple sauvage, ignorant & grossier, étranger aux sciences, au raisonnement.

Dans le reste des ouvrages, attribués à Moïse, nous verrons une foule d'histoires improbables & merveilleuses, un amas de loix ridicules & arbitraires; enfin, l'auteur conclut par y rapporter sa propre mort. Les livres postérieurs à Moïse ne sont pas moins remplis d'ignorance; Josué arrête le soleil, qui ne tourne point; Samson, l'Hercule des Juifs, a la force de faire tomber un temple... On ne finiroit point, si on vouloit relever toutes les bévues & les fables, que montrent tous les passages d'un ouvrage qu'on a le front d'attribuer à l'Esprit saint. Toute l'histoire des Hébreux ne nous présente qu'un amas de contes, indignes de la gravité de l'histoire & de la majesté de la divinité; ridicule aux yeux du bon sens, elle ne paroît inventée que pour amuser la crédulité d'un peuple enfant & stupide.

Cette compilation informe eſt entremêlée des oracles obſcurs & découſus, dont différens inſpirés, ou prophétes, ont ſucceſſivement repu la ſuperſtition des Juifs. En un mot, dans l'ancien teſtament tout reſpire l'enthouſiaſme, le fanatiſme, le délire, ſouvent ornés d'un langage pompeux; tout s'y trouve, à l'exception du bon ſens, de la bonne logique, de la raiſon, qui ſemblent être exclus opiniâtrément du livre qui ſert de guide aux Hébreux & aux Chrétiens.

On a déjà fait ſentir les idées abjectes, & ſouvent abſurdes, que ce livre nous donne de la Divinité; elle y paroît ridicule dans toute ſa conduite; elle y ſouffle le froid & le chaud; elle s'y contredit à chaque inſtant; elle agit avec imprudence; elle ſe repent de ce qu'elle a fait; elle édifie d'une main, pour détruire de l'autre; elle rétracte par la voix d'un prophéte, ce qu'elle a fait dire par un autre : ſi elle punit de mort toute la race humaine, pour le péché d'un seul homme, elle annonce, par Ezéchiel, qu'elle est juste, & qu'elle ne rend point les enfans responsables des iniquités de leurs peres. Elle ordonne aux Israélites, par la voix de Moïse, de voler les Egyptiens; elle leur défend dans le décalogue, publié par la loi de Moïse, le vol & l'assassinat: en un mot, toujours en contradiction avec lui-même, Jéhovah, dans le livre inspiré par son esprit, change avec les circonstances, ne tient jamais une conduite uniforme, & se peint souvent sous les traits d'un tyran, qui feroient rougir les méchans les plus décidés.

Si nous jettons les yeux sur le nouveau testament, nous ne verrons pareillement rien qui annonce cet esprit de vérité, que l'on suppose avoir dicté cet ouvrage. Quatre historiens, ou fabulistes, ont écrit l'histoire merveilleuse du Messie; peu d'accord sur les circonstances de sa vie, ils se contredisent quelquefois de la façon la plus palpable. La généalogie du Christ, donnée par S. Matthieu, ne ressemble point à celle que nous donne S. Luc; un des Evangélistes le fait voyager en Egypte, un autre ne parle aucunement de cette fuite; l'un fait durer sa mission trois ans, l'autre ne la suppose que de trois mois. Nous ne les voyons pas plus d'accord sur les circonstances des faits qu'ils rapportent. S. Marc dit que Jésus mourut à la troisiéme heure, c'est-à-dire à neuf heures du matin; S. Jean dit qu'il mourut à la sixieme heure, c'est-à-dire, à midi. Selon S. Matthieu & S. Marc, les femmes, qui après la mort de Jésus allerent à son sépulchre, ne virent qu'un seul ange; selon S. Luc & S. Jean, elles en virent deux. Ces anges étoient, suivant les uns, en dehors; & suivant d'autres, en-dedans du tombeau. Plusieurs miracles de de Jésus sont encore diversement rapportés par ces Evangélistes, témoins, ou inspirés. Il en est de même de ses apparitions après sa résurrection. Toutes ces choses ne semblent-elles pas devoir nous faire douter de l'infaillibilité des Evangélistes, & de la réalité de leurs inspirations divines? Que dirons-nous des prophéties fausses, & non existantes, appliquées, dans l'évangile, à Jésus? C'est ainsi que S. Matthieu prétend que Jérémie a prédit que le Christ *seroit trahi pour trente piéces d'argent*, tandis que cette prophétie ne se trouve point dans Jérémie. Rien de plus étrange que la façon dont les docteurs Chrétiens se tirent de ces difficultés. Leurs solutions ne sont faites que pour contenter des hommes, qui se font un devoir de demeurer dans l'aveuglement *. Tout

* Théophilacte dit que rien ne prouve plus sûrement la bonne foi des Evangélistes, que

homme raisonnable sentira que toute l'industrie des sophismes ne pourra jamais concilier des contradictions si palpables, & les efforts des interprêtes ne lui prouveront que la foiblesse de leur cause. Est-ce par des subterfuges, des subtilités & des mensonges, que l'on peut servir la Divinité?

---

de ne s'être pas accordés dans tous les points; „ car, sans cela, dit-il, on auroit pu les soupçonner d'avoir écrit de concert „. V. *Theoph. proemium in Matthæum.* S. Jérôme dit lui-même que les citations de S. Matthieu ne s'accordent point avec la version grecque de la bible. *Quanta sit inter Matthæum & Septuaginta, verborum, ordinisque discordia, sic admiraberis, si Hebraïcum videas, sensusque contrarius est.* V. *Hier. de opt. gen. interpret.* Erasme est forcé de convenir, que l'esprit divin permettoit aux Apôtres de s'égarer. *Spiritus ille divinus, mentium apostolicarum moderator, passus est suos ignorare quædam, & labi,* &c. *In Matthæum 2. cap. 6.* En général, il faut avoir une foi bien robuste, si la lecture de S. Jérôme ne suffit point, pour détromper de l'écriture sainte.

Nous retrouvons les mêmes contradictions, les mêmes erreurs, dans le pompeux galimathias attribué à S. Paul. Cet homme, rempli de l'esprit de Dieu, ne montre dans ses discours, & dans ses épîtres, que l'enthousiasme d'un forcené. Les commentaires les plus étudiés ne peuvent mettre à portée d'entendre, ou de concilier les contradictions, les énigmes, les notions décousues, dont tous ses ouvrages sont remplis, ni les incertitudes de sa conduite, tantôt favorable, tantôt opposée au judaïsme*. On ne pourroit

---

* S. Paul nous apprend lui-même, qu'il a été ravi au troisiéme ciel. Comment? Pourquoi? Et qu'y a-t-il appris? *Des choses ineffables, & que l'homme ne peut pas comprendre.* A quoi pouvoit donc servir son voyage merveilleux? Mais comment s'en rapporter à S. Paul, qui, dans les actes des Apôtres, se rend coupable d'un mensonge, lorsqu'il assure, devant le grand prêtre, qu'on le persécute, *parce qu'il est pharisien, & à cause de la résurrection des morts*; ce qui renferme deux faussetés. 1°. Parce que S. Paul,

tirer plus de lumieres des autres ouvrages attribués aux Apôtres. Il sembleroit que ces personnages, inspirés par la Divinité, ne sont venus sur la terre, que pour empêcher leurs disciples de rien comprendre à la doctrine qu'ils leur vouloient enseigner.

Enfin, le recueil qui compose le

---

dans ce tems, étoit l'Apôtre le plus zélé du christianisme, & par conséquent Chrétien. 2°. Parce qu'il ne s'agissoit aucunement de la résurrection dans les griefs dont on l'accusoit. Voyez *les Actes des Apôtres, chap. 23. v. 6.* Si les Apôtres mentent, comment s'en rapporter à leurs discours? D'un autre côté, nous voyons ce grand Apôtre changer à chaque instant d'avis & de conduite. Au concile de Jérusalem, il résiste en face à S. Pierre, dont l'avis favorisoit le judaïsme, tandis que, par la suite, il se conforme lui-même aux rites des Juifs. Enfin, il se prête continuellement aux circonstances, il se fait tout à tous. Il paroît avoir donné l'exemple aux Jésuites, de la conduite qu'on leur reproche de tenir dans les Indes, vis-à-vis des idolâtres, dont ils allient le culte à celui de Jésus-Christ.

nouveau teſtament, eſt terminé par le livre myſtique, connu ſous le nom d'*Apocalypſe de S. Jean*, ouvrage inintelligible, dont l'auteur a voulu renchérir ſur toutes les idées lugubres & funeſtes contenues dans la bible ; il y montre, au genre humain affligé, la perſpective prochaine du monde prêt à périr ; il remplit l'imagination des Chrétiens d'idées affreuſes, très-propres à les faire trembler, à les dégoûter d'une vie périſſable, à les rendre inutiles, ou nuiſibles à la ſociété. C'eſt ainſi que le fanatiſme termine dignement une compilation, révérée des Chrétiens, mais ridicule & mépriſable pour l'homme ſenſé ; indigne d'un Dieu plein de ſageſſe & de bonté ; déteſtable pour quiconque conſidérera les maux qu'elle a faits à la terre.

Enfin, les Chrétiens ayant pris, pour régle de leur conduire & de leurs opinions, un livre tel que la bible, c'eſt-à-dire, un ouvrage rempli de fables effrayantes, d'idées affreuſes de la Divinité, de contradictions frappantes, n'ont jamais pu ſavoir à quoi s'en tenir; n'ont jamais pu s'accorder ſur la façon d'entendre les volontés d'un Dieu changeant & capricieux, & n'ont jamais ſu préciſément ce que ce Dieu exigeoit d'eux: ainſi, ce livre obſcur fut pour eux une pomme de diſcorde, une ſource intariſſable de querelles, un arſenal, dans lequel les partis les plus oppoſés ſe pourvûrent également d'armes. Les géometres n'ont aucune diſpute ſur les principes fondamentaux de leur ſcience; par quelle fatalité, le livre révélé des Chrétiens, qui renferme les fondemens de leur religion divine, d'où dépend leur félicité éternelle, eſt-il inintelligible, & ſujet à des diſputes, qui ſi ſouvent ont enſanglanté la terre? A en juger par les effets, un tel livre ne devroit-il pas plutôt être regardé comme l'ouvrage d'un génie malfaiſant, de l'eſprit de mensonge & de ténébres, que d'un Dieu qui s'intéresse à la conservation & au bonheur des hommes, & qui veut les éclairer ?

---

## CHAPITRE XI.

### *De la Morale Chrétienne.*

Si l'on s'en rapportoit aux docteurs des Chrétiens, il sembleroit qu'avant la venue du fondateur de leur secte, il n'y ait point eu de vraie morale sur la terre; ils nous dépeignent le monde entier comme plongé dans les ténébres & dans le crime : cependant la morale fut toujours nécessaire aux hommes ; une société sans morale ne peut subsister. Nous voyons, avant Jésus-Christ, des nations florissantes, des philosophes éclairés, qui ont sans cesse rappellé les hommes à leurs devoirs ; en un mot, nous trouvons dans Socrate, dans Confucius, dans les Gymnosophistes Indiens, des maximes qui ne le cédent en rien à celles du Meſſie des Chrétiens. Nous trouvons dans le paganiſme des exemples d'équité, d'humanité, de patriotiſme, de tempérance, de déſintéreſſement, de patience, de douceur, qui démentent hautement les prétentions du chriſtianiſme, & qui prouvent qu'avant ſon fondateur il exiſtoit des vertus bien plus réelles que celles qu'il eſt venu nous enſeigner.

Falloit-il une révélation ſurnaturelle aux hommes, pour leur apprendre que la juſtice eſt néceſſaire pour maintenir la ſociété, que l'injuſtice ne rapprocheroit que des ennemis prêts à ſe nuire? Falloit-il qu'un Dieu parlât, pour leur montrer que des êtres raſſemblés ont beſoin de s'aimer & de ſe prêter des ſecours mutuels? Falloit-il des ſecours d'en haut, pour découvrir que la vengeance eſt un mal, eſt un outrage aux loix de ſon pays, qui, lorſqu'elles ſont juſtes, ſe chargent de venger les citoyens? Le pardon des injures n'eſt-il pas une ſuite de ce principe, & les haines ne s'éterniſent-elles point, lorſque l'on veut exercer une vengeance implacable? Pardonner à ſes ennemis, n'eſt-il pas l'effet d'une grandeur d'ame qui nous donne de l'avantage ſur celui qui nous offenſe? Faire du bien à nos ennemis, ne nous donne-t-il pas de la ſupériorité ſur eux? Cette conduite n'eſt-elle pas propre à nous en faire des amis? Tout homme, qui veut ſe conſerver, ne ſent-il pas que les vices, l'intempérance, la volupté, mettent ſes jours en danger? Enfin, l'expérience n'a-t-elle pas prouvé à tout être penſant, que le crime eſt l'objet de la haine de ſes ſemblables, que le vice eſt nuiſible à ceux mêmes qui en ſont infectés, que la vertu attire de l'eſtime & de l'amour à ceux qui la cultivent? Pour peu que les hommes réfléchiſſent ſur ce qu'ils ſont, ſur leurs vrais intérêts, ſur le but de la ſociété, ils ſenront ce qu'ils se doivent les uns les autres. De bonnes loix les forceront d'être bons, & ils n'auront pas besoin que l'on fasse descendre du ciel des regles nécessaires à leur conservation & à leur bonheur. La raison suffit pour nous enseigner nos devoirs envers les êtres de notre espéce. Quel secours peut-elle tirer de la religion, qui, sans cesse, la contredit & la dégrade?

On nous dira, sans doute, que la religion, loin de contredire la morale, lui sert d'appui, & rend ses obligations plus sacrées, en leur donnant la sanction de la Divinité. Je réponds, que la religion chrétienne, loin d'appuyer la morale, la rend chancelante & incertaine. Il est impossible de la fonder solidement sur les volontés positives d'un Dieu changeant, partial, capricieux, qui, de la même bouche, ordonne la justice & l'injustice, la concorde & le carnage, la tolérance & la persécution. Je dis qu'il est impossible de ſuivre les préceptes d'une morale raiſonnable, ſous l'empire d'une religion qui fait un mérite du zèle, de l'enthouſiaſme, du fanatiſme le plus deſtructeur. Je dis qu'une religion, qui nous ordonne d'imiter un deſpote qui ſe plaît à tendre des piéges à ſes ſujets, qui eſt implacable dans ſes vengeances, qui veut qu'on extermine tous ceux qui ont le malheur de lui déplaire, eſt incompatible avec toute morale. Les crimes, dont le chriſtianiſme, plus que toutes les autres religions, s'eſt ſouillé, n'ont eu pour prétexte que de plaire au Dieu farouche qu'il a reçu des Juifs. Le caractere moral de ce Dieu doit néceſſairement régler la conduite de ceux qui l'adorent *. Si ce Dieu eſt changeant, ſes

* Le bon Roi S. Louis diſoit à ſon ami Joinville que „ quand un laïc entendoit médire de „ la religion chrétienne, il devoit la défendre, „ non ſeulement de paroles, mais *à bonne épée* „ *tranchante*, & en frapper les médiſans & les

adorateurs changeront, leur morale ſera flottante, & leur conduite arbitraire ſuivra leur tempérament.

Cela peut nous montrer la ſource de l'incertitude où ſont les Chrétiens, quand il s'agit d'examiner s'il eſt plus conforme à l'eſprit de leur religion, de *tolérer*, que de *perſécuter* ceux qui different de leurs opinions. Les deux partis trouvent également, dans la bible, des ordres précis de la Divinité, qui autoriſent une conduite ſi oppoſée. Tantôt *Jéhovah* déclare qu'il hait les peuples idolâtres, & qu'on doit les exterminer; tantôt Moïſe défend de *maudire les dieux des nations*; tantôt le fils de Dieu défend la perſécution, après avoir dit lui-même, qu'il faut contraindre les hommes d'*entrer dans ſon royaume*. Cependant, l'idée d'un

---

» mécréans à travers le corps, tant qu'elle pût » entrer ». Voyez *le Joinville publié par Ducange, page 2*.

Dieu févere & cruel, faifant des impreffions bien plus fortes & plus profondes dans l'efprit, que celles d'un Dieu débonnaire, les vrais Chrétiens fe font prefque toujours cru forcés de montrer du zèle contre ceux qu'ils ont fuppofés les ennemis de leur Dieu. Ils fe font imaginés, qu'on ne pouvoit l'offenfer, en mettant trop de chaleur dans fa caufe: quelques fuffent fes ordres d'ailleurs, ils ont prefque toujours trouvé plus sûr pour eux de perfécuter, de tourmenter, d'exterminer ceux qu'ils regardoient comme les objets du courroux célefte. La tolérance n'a été admife que par les Chrétiens lâches & peu zèlés, d'un tempérament peu analogue au Dieu qu'ils fervoient.

Un vrai Chrétien ne doit-il pas fentir la néceffité d'être féroce & fanguinaire, quand on lui propofe pour exemples les faints & les héros de l'ancien teftament? ne trouve-t-il pas des motifs pour être cruel, dans la conduite de Moïse, ce législateur qui fait couler par deux fois le sang des Israélites, & qui fait immoler à son Dieu plus de quarante mille victimes? Ne trouve-t-il pas, dans la perfide cruauté de *Phinées*, de *Jahel*, de *Judith*, de quoi justifier la sienne? Ne voit-il pas dans David, ce modéle achevé des Rois, un monstre de barbarie, d'infamies, d'adulteres, & de révoltes, qui ne l'empêchent point d'être un homme selon le cœur de Dieu? En un mot, tout dans la bible semble annoncer au Chrétien, que c'est par un zèle furieux que l'on peut plaire à la Divinité, & que ce zèle suffit pour couvrir tous les crimes à ses yeux.

Ne soyons donc point surpris de voir les Chrétiens se persécutant sans relâche les uns les autres; s'ils furent tolérans, ce ne fut que lorsqu'ils furent eux-mêmes persécutés, ou trop foibles pour persécuter les autres; dès qu'ils eurent du pouvoir, ils le firent ſentir à ceux qui n'avoient point les mêmes opinions qu'eux ſur tous les points de leur religion. Depuis la fondation du chriſtianiſme, nous voyons différentes ſectes aux priſes; nous voyons les Chrétiens ſe haïr, ſe diviſer, ſe nuire, & ſe traiter réciproquement avec la cruauté la plus recherchée; nous voyons des Souverains, imitateurs de David, ſe prêter aux fureurs de leurs prêtres en diſcorde, & ſervir la divinité par le fer & par le feu; nous voyons les Rois eux-mêmes devenir les victimes d'un fanatiſme religieux, qui ne reſpecte rien, quand il croit obéir à ſon Dieu.

En un mot, la religion, qui ſe vantoit d'apporter la concorde & la paix, a depuis dix-huit ſiécles cauſé plus de ravages, & fait répandre plus de ſang, que toutes les ſuperſtitions du paganiſme. Il s'éleva un mur de diviſion entre les citoyens de mêmes états;

l'union & la tendresse furent bannies des familles; on se fit un devoir d'être injuste & inhumain. Sous un Dieu assez inique, pour s'offenser des erreurs des hommes, chacun devint inique; sous un Dieu jaloux & vindicatif, chacun se crut obligé d'entrer dans ses querelles, & de venger ses injures; enfin, sous un Dieu sanguinaire, on se fit un mérite de verser le sang humain.

Tels sont les importans services que la religion chrétienne a rendus à la morale. Qu'on ne nous dise pas, que c'est par un honteux abus de cette religion que ces horreurs sont arrivées; l'esprit de persécution & l'intolérance sont de l'esprit d'une religion qui se croit émanée d'un Dieu jaloux de son pouvoir, qui a ordonné formellement le meurtre, dont les amis ont été des persécuteurs inhumains, qui, dans l'excès de sa colere, n'a point épargné son propre fils. Quand on

sert

ſert un Dieu de cet affreux caractere, on eſt bien plus sûr de lui plaire, en exterminant ſes ennemis, qu'en les laiſſant en paix offenſer leur Créateur. Une pareille divinité doit ſervir de prétexte aux excès les plus nuiſibles; le zele de ſa gloire ſera un voile, qui couvrira les paſſions de tous les imposteurs, ou fanatiques, qui prétendront être les interprêtes des volontés du ciel; un Souverain croira pouvoir ſe livrer aux plus grands crimes, lorſqu'il croira les laver dans le ſang des ennemis de ſon Dieu.

Par une conſéquence naturelle des mêmes principes, une religion intolérante ne peut être que conditionnellement ſoumiſe à l'autorité des Souverains temporels. Un Juif, un Chrétien, ne peuvent obéir aux chefs de la ſociété, que lorſque les ordres de ceux-ci ſeront conformes aux volontés arbitraires, & ſouvent inſenſées, de de ce Dieu. Mais qui eſt-ce qui décidera ſi les ordres des Souverains, les plus avantageux à la ſociété, ſeront conformes aux volontés de ce Dieu? Ce ſeront, ſans doute, les miniſtres de la divinité, les interprêtes de ſes oracles, les confidens de ſes ſecrets. Ainſi, dans un Etat chrétien, les ſujets doivent être plus ſoumis aux prêtres, qu'aux Souverains *. Bien plus, ſi ce Souverain offenſe le Seigneur, s'il néglige ſon culte, s'il refuſe d'admettre ſes dogmes, s'il n'eſt point ſoumis à ſes prêtres, il doit perdre le droit de gouverner un peuple, dont il met la

---

* Il n'eſt point de Chrétien à qui l'on n'apprenne, dès l'enfance, qu'*il vaut mieux obéir à Dieu qu'aux hommes*. Mais obéir à Dieu, n'eſt jamais qu'obéir aux prêtres. Dieu ne parle plus lui-même, c'eſt l'Egliſe qui parle pour lui; & l'Egliſe eſt un corps de prêtres, qui trouve ſouvent, dans la bible, que les Souverains ont tort, que les loix ſont criminelles, que les établiſſemens les plus ſenſés ſont impies, que la tolérance eſt un crime.

religion en danger. Que dis-je ? Si la vie d'un tel Souverain eſt un obſtacle au ſalut de ſes ſujets , au régne de Dieu, à la proſpérité de l'Egliſe, il doit être retranché du nombre des vivans, dès que les prêtres l'ordonnent. Une foule d'exemples nous prouve, que les Chrétiens ont ſouvent ſuivi ces maximes déteſtables ; cent fois le fanatiſme a mis les armes aux mains des ſujets contre leur légitime Souverain, & porté le trouble dans la ſociété. Sous le chriſtianiſme, les prêtres furent toujours les arbitres du ſort des Rois ; il importa fort peu à ces prêtres, que tout fût bouleverſé ſur la terre, pourvû que la religion fût reſpectée : les peuples furent rebelles à leurs Souverains, toutes les fois qu'on leur perſuada que les Souverains étoient rebelles à leur Dieu. La ſédition, le régicide ſont faits pour paroître légitimes à des Chrétiens zélés, qui doivent obéir à Dieu, plûtôt qu'aux hommes, & qui ne peuvent, ſans riſquer leur ſalut éternel, balancer entre le Monarque éternel & les Rois de la terre*.

D'après ces maximes funeſtes, qui découlent des principes du chriſtianiſme, il ne faut point être étonné, ſi, depuis ſon établiſſement en Europe, nous voyons ſi ſouvent des peuples révoltés, des Souverains ſi honheuſement avilis ſous l'autorité ſacerdotale, des Monarques dépoſés par les prêtres, des fanatiques armés contre la puiſſance temporelle, enfin des

* Les ennemis des Jéſuites ſe ſont prévalus contr'eux, de ce qu'ils ont imaginé, que le meurtre d'un tyran étoit une action louable & légitime : un peu de réfléxion ſuffiſoit pour faire ſentir, que ſi Aod a bien fait, Jacques Clément n'a point été criminel, & que Ravaillac n'a fait que ſuivre les lumieres de ſa conſcience. S. Thomas d'Aquin a formellement prêché le régicide. Voyez *les coups d'Etat*, *tom. II. p. 33.* Les Princes Chrétiens devroient trembler, s'ils réfléchiſſoient aux conſéquences des principes de leur religion.

Princes égorgés. Les prêtres Chrétiens ne trouvoient-ils pas, dans l'ancien testament, leurs discours séditieux autorisés par l'exemple ? Les rebelles contre les Rois ne furent-ils pas justifiés par l'exemple de David? Les usurpations, les violences, les perfidies, les violations les plus manifestes des droits de la nature & des gens, ne sont-elles pas légitimées par l'exemple du peuple de Dieu & de ses chefs ?

Voilà donc l'appui que donne à la morale une religion, dont le premier principe est d'admettre le Dieu des Juifs, c'est-à-dire, un tyran, dont les volontés fantasques anéantissent à chaque instant les régles nécessaires au maintien des sociétés. Ce Dieu crée le juste & l'injuste ; sa volonté suprême change le mal en bien, & le crime en vertu ; son caprice renverse les loix qu'il a lui-même données à la nature ; il détruit, quand il lui plaît, les rapports qui subsistent entre les hommes,

& dispensé lui-même de tout devoir envers les créatures, il semble les autoriser à ne suivre aucunes loix certaines, sinon celles qu'il leur prescrit, en différentes circonstances, par la voix de ses interprêtes & de ses inspirés. Ceux-ci, quand ils sont les maîtres, ne prêchent que la soumission; quand ils se croyent lésés, ils ne prêchent que la révolte; sont-ils trop foibles? ils prêchent la tolérance, la patience, la douceur; sont-ils plus forts? ils prêchent la persécution, la vengeance, la rapine, la cruauté. Ils trouvent continuellement, dans leurs livres sacrés, de quoi autoriser les maximes contradictoires qu'ils débitent; ils trouvent, dans les oracles d'un Dieu peu moral & changeant, des ordres directement opposés les uns aux autres. Fonder la morale sur un Dieu semblable, ou sur des livres qui renferment à la fois des loix si contradictoires, c'est lui donner une base incertaine, c'eſt la fonder ſur le caprice de ceux qui parlent au nom de Dieu, c'eſt la fonder ſur le tempérament de chacun de ſes adorateurs.

La morale doit être fondée ſur des régles invariables; un Dieu, qui détruit ces régles, détruit ſon propre ouvrage. Si ce Dieu eſt l'auteur de l'homme, s'il veut le bonheur de ſes créatures, s'il s'intéreſſe à la conſervation de notre eſpéce, il voulut que l'homme fût juſte, humain, bienfaiſant; jamais il n'a pu vouloir qu'il fût injuſte, fanatique & cruel.

Ce qui vient d'être dit, peut nous faire connoître ce que nous devons penſer de ces docteurs, qui prétendent, que, ſans la religion chrétienne, nul homme ne peut avoir, ni morale, ni vertu. La propoſition contraire ſeroit certainement plus vraie, & l'on pourroit avancer, que tout Chrétien, qui ſe propoſe d'imiter ſon Dieu, & de mettre en pratique les ordres ſouvent injuſtes & deſtructeurs, émanés de ſa bouche, doit être néceſſairement un méchant. Si l'on nous dit, que ces ordres ne ſont pas toujours injuſtes, & que ſouvent les livres ſacrés reſpirent la bonté, l'union, l'équité, je dirai, que le Chrétien doit avoir une morale inconſtante ; qu'il ſera tantôt bon, tantôt méchant, ſuivant ſon intérêt & ſes diſpoſitions particulieres. D'où l'on voit que le Chrétien, conſéquent à ſes idées religieuſes, ne peut avoir de vraie morale, ou doit ſans ceſſe flotter entre le crime & la vertu.

D'un autre côté, n'y a-t-il pas du danger de lier la morale avec la religion ? Au lieu d'étayer la morale, n'eſt-ce pas lui donner un appui foible & ruineux, que de vouloir la fonder ſur la religion ? En effet, la religion ne ſoutient point l'examen, & tout homme qui aura découvert la foibleſſe, ou la fauſſeté des preuves ſur leſquelles eſt établie la religion, ſur laquelle on lui dit que la morale eſt fondée, ſera tenté de croire que cette morale eſt une chimère, auſſi bien que la religion qui lui ſert de baſe. C'eſt ainſi que ſouvent, après avoir ſecoué le joug de la religion, nous voyons des hommes pervers ſe livrer à la débauche, à l'intempérance, au crime. Au ſortir de l'eſclavage de la ſuperſtition, ils tombent dans une anarchie complette, & ſe croyent tout permis, parce qu'ils ont découvert que la religion n'étoit qu'une fable. C'eſt ainſi que malheureuſement les mots d'incrédule & de libertin, ſont devenus des ſynonimes. On ne tomberoit point dans ces inconvéniens, ſi, au lieu d'une morale théologique, on enſeignoit une morale naturelle. Au lieu d'interdire la débauche, les crimes & les vices, parce que Dieu & la religion défendent ces fautes, on devroit dire, que tout excès nuit à la conſervation de l'homme, le rend mépriſable aux yeux de la ſociété, eſt défendu par la raiſon, qui veut que l'homme ſe conſerve; eſt interdit par la nature, qui veut qu'il travaille à ſon bonheur durable. En un mot, quelques ſoient les volontés de Dieu, indépendamment des récompenſes & des châtimens que la religion annonce pour l'autre vie, il eſt facile de prouver à tout homme, que ſon intérêt, dans ce monde, eſt de ménager ſa ſanté, de reſpecter les mœurs, de s'attirer l'eſtime de ſes ſemblables, enfin d'être chaſte, tempérant, vertueux. Ceux que leurs paſſions empêcheront d'écouter ces principes ſi clairs, fondés ſur la raiſon, ne ſeront pas plus dociles à la voix d'une religion, qu'ils ceſſeront de croire, dès qu'elle s'oppoſera à leurs penchans déréglés.

Que l'on ceſſe donc de nous vanter les avantages prétendus que la religion chrétienne procure à la morale; les principes, qu'elle puiſe dans ſes livres ſacrés, tendent à la détruire; ſon alliance avec elle, ne sert qu'à l'affoiblir : d'ailleurs, l'expérience nous montre, que les nations chrétiennes ont souvent des mœurs plus corrompues que celles qu'elles traitent d'infidéles & de sauvages ; au moins les premieres sont-elles plus sujettes au fanatisme religieux, passion si propre à bannir des sociétés la justice & les vertus sociales. Contre un mortel crédule, que la religion chrétienne retient, elle en pousse des milliers au crime ; contre un homme qu'elle rend chaste, elle fait cent fanatiques, cent persécuteurs, cent intolérans, qui sont bien plus nuisibles à la société, que les débauchés les plus impudens, qui ne nuisent qu'à eux-mêmes. Au moins est-il certain, que les nations les plus chrétiennes de l'Europe, ne sont point celles où la vraie morale soit la mieux connue & la mieux observée. Dans l'Espagne, le Portugal, l'Italie, où la secte la plus superstitieuse du christianisme a fixé son séjour, les peuples vivent dans l'ignorance la plus honteuse de leurs devoirs; le vol, l'assassinat, la persécution, la débauche, y sont portés à leur comble; tout y est plein de superstitieux; on n'y voit que très-peu d'hommes vertueux, & la religion elle-même, complice du crime, fournit des azyles aux criminels, & leur procure des moyens faciles de se réconcilier avec la divinité. Des prieres, des pratiques, des cérémonies, semblent dispenser les hommes de montrer des vertus. Dans les pays, qui se vantent de posséder le christianisme dans toute sa pureté, la religion a tellement absorbé l'attention de ses sectateurs, qu'ils méconnoissent entiérement la morale, & croyent avoir rempli tous leurs devoirs, dès qu'ils montrent un attachement scrupuleux à des minuties religieuses, totalement étrangeres au bonheur de la société.

# CHAPITRE XII.

## *Des Vertus Chrétiennes.*

CE qui vient d'être dit, nous montre déjà ce que nous devons penser de la morale chrétienne. Si nous examinons les vertus que le christianisme recommande, nous y trouverons l'empreinte de l'enthousiasme, nous verrons qu'elles sont peu faites pour l'homme, qu'elles l'enlevent au-dessus de sa sphere, qu'elles sont inutiles à la société, que souvent elles sont pour elle de la plus dangereuse conséquence: enfin, dans les préceptes, ou conseils si vantés que J.C. est venu nous donner, nous ne trouverons que des maximes outrées, dont la pratique est impossible; que des régles, qui, suivies à la lettre, nuiroient à la société: dans ceux de ces préceptes, qui peuvent se pratiquer, nous ne trouverons rien qui ne fut mieux connu des sages de l'antiquité, ſans le ſecours de la révélation.

Suivant le Meſſie, toute ſa loi conſiſte, *à aimer Dieu par-deſſus toutes choſes, & le prochain comme ſoi-même.* Ce précepte eſt-il poſſible? Aimer un Dieu colère, capricieux, injuſte, aimer le Dieu des Juifs! Aimer un Dieu injuſte, implacable, qui eſt aſſez cruel, pour damner éternellement ſes créatures! Aimer l'objet le plus redoutable que l'eſprit humain ait pu jamais enfanter! Un pareil objet, eſt-il donc fait pour exciter, dans le cœur de l'homme, un ſentiment d'amour? Comment aimer ce que l'on craint? Comment chérir un Dieu, ſous la verge duquel on eſt forcé de trembler? N'eſt-ce pas ſe mentir à ſoi-même, que de ſe perſuader que l'on aime un être ſi terrible, & ſi propre à révolter *?

---

* Sénéque dit, avec raiſon, qu'un homme ſenſé ne peut craindre les Dieux, vû que per-

Aimer ſon prochain comme ſoi-même, eſt-il bien plus poſſible ? Tout homme, par ſa nature, s'aime par préférence à tous les autres ; il n'aime ceux-ci, qu'en raiſon de ce qu'ils contribuent à ſon propre bonheur ; il a de la vertu, dès qu'il fait du bien à ſon prochain ; il a de la généroſité, lorſqu'il lui ſacrifie l'amour qu'il a pour lui-même ; mais jamais il ne l'aime, que pour les qualités utiles qu'il trouve en lui ; il ne peut l'aimer, que lorſqu'il le connoit, & ſon amour pour lui eſt forcé de ſe régler ſur les avantages qu'il en reçoit.

Aimer ſes ennemis, eſt donc un précepte impoſſible. On peut s'abſtenir de faire du mal à celui qui nous nuit ;

---

ſonne ne peut aimer ce qu'il craint. *Deos nemo ſanus timet, furor enim eſt metuere ſalutaria, nec quiſquam amat quos timet.* De benef. 4. La bible nous dit : *Initium ſapientiæ, timor Domini.* Ne ſeroit-ce pas plutôt le commencement de la folie ?

mais l'amour eſt un mouvement du cœur, qui ne s'excite en nous qu'à la vue d'un objet que nous jugeons favorable pour nous. Les loix juſtes, chez les peuples policés, ont toujours défendu de ſe venger, ou de ſe faire juſtice à ſoi-même; un ſentiment de généroſité, de grandeur d'ame, de courage, peut nous porter à faire du bien à qui nous offenſe; nous devenons pour lors plus grands que lui, & même nous pouvons changer la diſpoſition de ſon cœur. Ainſi, ſans recourir à une morale ſurnaturelle, nous ſentons que notre intérêt exige que nous étouffions dans nos cœurs la vengeance. Que les Chrétiens ceſſent donc de nous vanter le pardon des injures, comme un précepte qu'un Dieu ſeul pouvoit donner, & qui prouve la divinité de ſa morale; Pythagore, longtems avant le Meſſie, avoit dit: *Qu'on ne ſe vengeât de ſes ennemis, qu'en travaillant à en faire des amis*; & Socrate

Socrate dit dans Criton : *Qu'il n'est pas permis à un homme, qui a reçu une injure, de se venger par une autre injure.*

Jésus oublioit, sans doute, qu'il parloit à des hommes, lorsque, pour les conduire à la perfection, il leur dit d'abandonner leurs possessions à l'avidité du premier ravisseur ; de tendre l'autre joue, pour recevoir un nouvel outrage ; de ne point résister à la violence la plus injuste ; de renoncer aux richesses périssables de ce monde ; de quitter maison, biens, parens, amis, pour le suivre ; de se refuser aux plaisirs, même les plus innocens. Qui ne voit, dans ces conseils sublimes, le langage de l'enthousiasme, de l'hyperbole ? Ces conseils merveilleux ne sont-ils pas faits pour décourager l'homme, & le jetter dans le désespoir ? La pratique littéral de ces choses ne seroit-elle pas destructive pour la société ?

Que dirons-nous de cette morale,

qui ordonne que le cœur se détache des objets que la raison lui ordonne d'aimer? Refuser le bien-être que la nature nous présente, n'est-ce pas dédaigner les bienfaits de la Divinité? Quel bien réel peut-il résulter, pour la société, de ces vertus farouches & mélancoliques, que les Chrétiens regardent comme des perfections? Un homme devient-il bien utile à la société, quand son esprit est perpétuellement troublé par des terreurs imaginaires, par des idées lugubres, par de noires inquiétudes, qui l'empêchent de vaquer à ce qu'il doit à sa famille, à son propre pays, à ceux qui l'entourent? S'il est conséquent à ces tristes principes, ne doit-il pas se rendre aussi insupportable à lui-même, qu'aux autres?

On peut dire, en général, que le fanatisme & l'enthousiasme sont la base de la morale du Christ; les vertus, qu'il recommande, tendent à isoler les hommes, à les plonger dans l'humeur ſombre, & ſouvent à les rendre nuiſibles à leurs ſemblables. Il faut ici bas des vertus humaines, le Chrétien ne voit jamais les ſiennes qu'au-delà du vrai; il faut à la ſociété des vertus réelles, qui la maintiennent, qui lui donnent de l'énergie, de l'activité; il faut aux familles, de la vigilance, de l'affection, du travail; il faut à tous les êtres de l'eſpéce humaine, le deſir de ſe procurer des plaiſirs légitimes, & d'augmenter la ſomme de leur bonheur. Le chriſtianiſme eſt perpétuellement occupé, ſoit à dégrader les hommes, par des terreurs accablantes, ſoit à les enivrer par des eſpérances frivoles, ſentimens également propres à les détourner de leurs vrais devoirs. Si le Chrétien ſuit à la lettre les principes de ſon légiſlateur, il ſera toujours un membre inutile, ou nuiſible à la ſociété *.

* Malgré les éloges, que les Chrétiens don-

Quels avantages, en effet, le genre humain peut-il tirer de ces vertus idéales, que les Chrétiens nomment *évangéliques*, *divines*, *théologales*, qu'ils préférent aux vertus ſociales, humaines & réelles, & ſans leſquelles ils prétendent qu'on ne peut plaire à Dieu,

---

nent aux préceptes de leur divin maître, nous en trouvons qui ſont totalement contraires à l'équité & à la droite raiſon. En effet, lorſque Jéſus dit : *Faites-vous des amis dans le ciel avec les richeſſes acquiſes injuſtement*, n'inſinue-t-il pas viſiblement, qu'on fait bien de voler, pour faire l'aumône aux pauvres ? Les interprêtes nous diront, ſans doute, qu'il parle en parabole ; mais il eſt aiſé d'en pénétrer le ſens. Au reſte, les Chrétiens pratiquent très-ſouvent le conſeil de leur Dieu ; beaucoup d'entr'eux volent pendant toute leur vie, pour avoir le plaiſir de faire des donations, à la mort, à des monaſteres, & à des hôpitaux. Le Meſſie, dans un autre endroit, traite fort mal ſa mere, qui le cherchoit. Il ordonne à ſes diſciples de s'emparer d'un âne. Il noye un troupeau de cochons, &c. En vérité, ces choſes ne s'accordent point avec une bonne morale.

ni entrer dans sa gloire? Examinons en détail ces vertus si vantées; voyons de quelle utilité elles sont pour la société, & si elles méritent vraiment la préférence qu'on leur donne sur celles que la raison nous inspire, comme nécessaires au bien être du genre humain.

La premiere des vertus chrétiennes, celle qui sert de base à toutes les autres, est *la Foi*; elle consiste dans une conviction impossible des dogmes révélés, des fables absurdes, que le christianisme ordonne à ses disciples de croire. D'où l'on voit que cette vertu exige un renoncement total au bon sens, un assentiment impossible à des faits improbables, une soumission aveugle à l'autorité des prêtres, seuls garans de la vérité des dogmes & des merveilles que tout Chrétien doit croire, sous peine d'être damné.

Cette vertu, quoique nécessaire à tous les hommes, est pourtant un don du ciel, & l'effet d'une grace spéciale;

elle interdit le doute & l'examen ; elle prive l'homme de la faculté d'exercer sa raison, de la liberté de penser ; elle le réduit à l'abrutissement des bêtes, sur des matieres qu'on lui persuade néanmoins être les plus importantes à son bonheur éternel. D'où l'on voit, que la foi est une vertu inventée par des hommes, qui craignirent les lumieres de la raison, qui voulurent tromper leurs semblables, pour les soumettre à leur propre autorité, qui chercherent à les dégrader, afin d'exercer sur eux leur empire *. Si la foi est une vertu, elle n'est, assurément,

---

* S. Paul dit : *Fides ex auditu* ; ce qui signifie que l'on ne croit que sur des *ouï-dire*. La foi n'est jamais que l'adhésion aux opinions des prêtres : la foi vive est un pieux entêtement, qui fait que nous ne pouvons imaginer, que ces prêtres puissent se tromper eux-mêmes, ni vouloir tromper les autres. La foi ne peut être fondée que sur la bonne opinion que nous avons des lumieres des prêtres.

utile qu'aux guides ſpirituels des Chrétiens, qui ſeuls en recueillent les fruits. Cette vertu ne peut qu'être funeſte au reſte des hommes, à qui elle apprend à mépriſer la raiſon, qui les diſtingue des bêtes, & qui ſeule peut les guider ſûrement en ce monde. En effet, le Chriſtianiſme nous repréſente cette raiſon comme pervertie, comme un guide infidele, en quoi il ſemble avouer n'être point fait pour des êtres raiſonnables.

Cependant, ne pourroit-on pas demander aux Docteurs Chrétiens juſqu'où doit aller ce renoncement à la raiſon? Eux-mêmes, dans certains cas, n'ont-ils pas recours à elle? N'eſt-ce pas à la raiſon qu'ils en appellent, quand il s'agit de prouver l'exiſtence de Dieu? Si la raiſon eſt pervertie, comment s'en rapporter à elle dans une matiere auſſi importante que l'exiſtence de ce Dieu?

Quoi qu'il en ſoit, dire que l'on

croit ce qu'on ne conçoit pas, c'eſt mentir évidemment ; croire ſans ſe rendre compte de ce que l'on croit, c'eſt une abſurdité. Il faut donc peſer les motifs de ſa croyance. Mais quels ſont les motifs du Chrétien ? C'eſt la confiance qu'il a dans les guides qui l'inſtruiſent. Mais ſur quoi cette confiance eſt-elle fondée ? Sur la révélation. Mais ſur quoi la révélation eſt-elle fondée elle-même ? Sur l'autorité des guides ſpirituels. Telle eſt la maniere dont les Chrétiens raiſonnent. Leurs argumens, en faveur de la foi, ſe réduiſent à dire : *pour croire à la religion, il faut avoir de la foi, & pour avoir de la foi, il faut croire à la religion* ; ou bien, il faut avoir déja de la foi, pour croire à la néceſſité de la foi *.

* Pluſieurs théologiens ont ſoutenu que la foi, ſans les œuvres, ſuffiſoit pour ſauver. En général, c'eſt la vertu dont les prêtres font le plus de cas. Elle eſt, ſans doute, la plus néceſſaire à leur exiſtence : il n'eſt donc pas ſur-

La foi disparoît dès qu'on raisonne ; cette vertu ne soutient jamais un examen tranquille ; voilà ce qui rend les prêtres du Christianisme si ennemis de la science. Le fondateur de la religion a déclaré lui-même, que sa loi n'étoit faite que pour les simples & pour les enfans. La foi est l'effet d'une grace que Dieu n'accorde guères aux personnes éclairées & accoutumées à consulter le bon sens, elle n'est faite que pour les hommes qui sont incapables de réflexion, ou pour des ames enivrées d'enthousiasme, ou pour des

---

prenant qu'ils aient cherché à l'établir par le fer & par le feu. C'est pour maintenir la foi, que l'inquisition brûle des hérétiques & des Juifs ; c'est pour ramener à la foi, que les Rois & les prêtres persécutent ; c'est pour convaincre sûrement ceux qui n'ont point de foi, que les Chrétiens les exterminent. O vertu merveilleuse, & digne du Dieu de la bonté ! ses ministres punissent les hommes, lorsqu'il leur refuse ses graces.

êtres invinciblement attachés aux préjugés de l'enfance. La ſcience fut, & ſera toujours l'objet de la haine des Docteurs Chrétiens; ils ſeroient les ennemis d'eux-mêmes, s'ils aimoient les ſavans.

Une ſeconde vertu Chrétienne, qui découle de la premiere, eſt l'*Eſpérance*; fondée ſur les promeſſes flatteuſes que le Chriſtianiſme fait à ceux qui ſe rendent malheureux dans cette vie, elle nourrit leur enthouſiaſme; elle leur fait perdre de vue le bonheur préſent; elle les rend inutiles à la ſociété; elle leur fait croire fermement que Dieu récompenſera dans le ciel leur inutilité, leur humeur noire, leur haine des plaiſirs, leurs mortifications inſenſées, leurs prieres, leur oiſiveté. Comment un homme, enivré de ces pompeuſes eſpérances, s'occuperoit-il du bonheur actuel de ceux qui l'environnent, tandis qu'il eſt indifférent ſur le ſien même? Ne ſait-il pas que c'eſt en ſe rendant miſérable en ce monde, qu'il peut eſpérer de plaire à ſon Dieu? En effet, quelques flatteuſes que ſoient les idées, que le Chrétien ſe fait de l'avenir, ſa religion les empoiſonne, par les terreurs d'un Dieu jaloux, qui veut que l'on opére ſon ſalut *avec crainte & tremblement*; qui puniroit ſa préſomption, & qui le damneroit impitoyablement, s'il avoit eu la foibleſſe d'être homme un inſtant de ſa vie.

La troiſiéme des vertus chrétiennes eſt la *Charité*; elle conſiſte à aimer Dieu & le prochain. Nous avons déja vu combien il eſt difficile, pour ne pas dire impoſſible, d'éprouver des ſentimens de tendreſſe pour tout être que l'on craint. On dira, ſans doute, que la crainte des Chrétiens eſt une *crainte filiale*; mais les mots ne changent rien à l'eſſence des choſes; la crainte eſt une paſſion totalement opposée à l'amour. Un fils, qui craint ſon pere, qui a lieu de se défier de sa colere, qui redoute ses caprices, ne l'aimera jamais sincérement. L'amour d'un Chrétien, pour son Dieu, ne pourra donc jamais être véritable; c'est en vain qu'il voudra s'exciter à la tendresse pour un maître rigoureux, qui doit effrayer son cœur, il [illegible] l'aimera jamais que comme un tyran, à qui la bouche rend des hommages que le cœur lui refuse. Le dévot n'est pas de bonne foi avec lui-même, quand il prétend chérir son Dieu; sa tendresse est un hommage simulé, semblable à celui que l'on se croit obligé de rendre à ces despotes inhumains, qui, même en faisant le malheur de leurs sujets, exigent des marques extérieures de leur attachement. Si quelques ames tendres, à force d'illusions, parviennent à s'exciter à l'amour divin, c'est alors une passion mystique & romanesque, produite par un tempérament échauffé, par une imagination ardente, qui fait qu'elles n'envisagent leur Dieu que du côté le plus riant, & qu'elles ferment les yeux sur ses véritables défauts *. L'amour de Dieu n'est pas le mystère le moins inconcevable de notre religion.

La *Charité*, considérée comme l'amour de nos semblables, est une dis-

---

* C'est un tempérament ardent & tendre, qui produit la dévotion mystique. Les femmes hystériques sont communément celles qui aiment Dieu avec le plus de vivacité; elles l'aiment avec emportement, comme elles aimeroient un homme. Les Ste. Thérèse, les Madeleine de Pazzy, les Marie-à-la-coque, & presque toutes les religieuses bien dévotes, sont dans ce cas. Leur imagination s'égare, & elles donnent à leur Dieu, qu'elles se peignent sous des traits charmans, la tendresse qu'il ne leur est point permis de donner à des êtres de notre espéce. Il faut de l'imagination, pour s'éprendre d'un objet inconnu. Il en faut bien plus encore, pour aimer un objet qui n'a rien d'aimable; il faut de la folie, pour aimer un objet haïssable.

position vertueuse & nécessaire. Elle n'est plus alors que cette humanité tendre, qui nous intéresse aux êtres de notre espéce, qui nous dispose à leur prêter des secours, qui nous attache à eux. Mais comment concilier cet attachement pour les créatures, avec les ordres d'un Dieu jaloux, qui veut qu'on n'aime que lui, qui est venu séparer le fils d'avec son pere, l'ami d'avec son ami? Suivant les maximes de l'évangile, ce seroit un crime d'offrir à son Dieu un cœur partagé par quelqu'autre objet terrestre; ce seroit une idolâtrie, de faire entrer la créature en concurrence avec le créateur. D'ailleurs, comment aimer des êtres qui offensent continuellement la Divinité, ou qui sont pour nous une occasion continuelle de l'offenser? Comment aimer des pécheurs? Aussi, l'expérience nous montre-t-elle, que les dévots, obligés par principes de se haïr eux-mêmes, ne sont que très-peu dispoſés à mieux traiter les autres, à leur rendre la vie douce, à leur montrer de l'indulgence. Ceux qui en uſent de la ſorte, ne ſont point parvenus à la perfection de l'amour divin. En un mot, nous voyons que ceux qui paſſent pour aimer le Créateur le plus ardemment, ne ſont pas ceux qui montrent le plus d'affection à ſes chétives créatures; nous les voyons, au contraire, répandre communément l'amertume ſur tout ce qui les environne, relever avec aigreur les défauts de leurs ſemblables, & ſe faire un crime de montrer de l'indulgence à la fragilité humaine*.

---

* Dans les pays les plus Chrétiens, les dévots ſont ordinairement regardés comme les fléaux des ſociétés; la bonne compagnie les craint comme des ennemis de la joie, comme des ennuyeux. Une femme dévote a rarement le talent de ſe concilier l'amour de ſon mari, de ſes enfans, de ſes gens. Une religion lugubre & mélancolique, ne peut avoir des ſecta-

En effet, un amour ſincére, pour la Divinité, doit être accompagné de zèle; un vrai Chrétien doit s'irriter, quand il voit offenſer ſon Dieu; il doit s'armer d'une juſte & ſainte cruauté, pour réprimer les coupables; il doit avoir un deſir ardent de faire régner la religion. C'eſt ce zèle, dérivé de l'amour divin, qui eſt la ſource des perſécutions & des fureurs, dont le chriſtianiſme s'eſt tant de fois rendu coupable; c'eſt ce zèle, qui fait des bourreaux, ainſi que des martyrs; c'eſt ce zèle, qui fait que l'intolérant arrache la foudre des mains du Très-Haut, ſous prétexte de venger ſes injures; c'eſt ce zèle, qui fait que les membres d'une même famille, les citoyens d'un même état ſe déteſtent, ſe tourmentent pour des opinions, & ſouvent

---

teurs bien aimables. Sous un Dieu triſte, il faut être triſte comme lui. Les Docteurs Chrétiens ont très-judicieuſement obſervé, que *J. C. a pleuré, mais n'a jamais ri.*

pour

pour des cérémonies puériles, que le zèle fait regarder comme des choses de la derniere importance; c'est ce zèle, qui mille fois alluma, dans notre Europe, ces guerres de religion, si remarquables par leur atrocité; enfin, c'est ce zèle pour la religion, qui justifia la calomnie, la trahison, le carnage, en un mot, les désordres les plus funestes aux sociétés. Il fut toujours permis d'employer la ruse, la fourberie, le mensonge, dès qu'il fut question de soutenir la cause de Dieu *. Les hom-

* Le concile œcuménique de Constance fit brûler Jean Hus & Jérôme de Prague, malgré le sauf-conduit de l'Empereur. Plusieurs Chrétiens ont enseigné, qu'on ne devoit point garder la foi aux hérétiques. Les Papes ont dispensé cent fois des sermens & des promesses faits aux hétérodoxes. L'histoire des guerres de religion, entre les Chrétiens, nous montre des trahisons, des cruautés, des perfidies, dont on n'a point d'exemples dans les autres guerres. Tout est justifié, quand c'est pour Dieu que l'on combat. Nous ne voyons, dans ces guerres,

mes les plus bilieux, les plus colères, les plus corrompus, sont communément les plus zélés; ils espérent, qu'en faveur de leur zèle, le ciel leur pardonnera la dépravation de leurs mœurs, & tous leurs autres déréglemens.

C'est par un effet de ce même zèle, que nous voyons des Chrétiens enthousiastes parcourir les terres & les mers, pour étendre l'empire de leur Dieu, pour lui faire des prosélytes, pour lui acquérir de nouveaux sujets. C'est ainsi que, par zèle, des missionnaires se croyent obligés d'aller troubler le repos des états qu'ils regardent comme infidéles, tandis qu'ils trouveroient fort étrange, s'il venoit dans leur propre pays des missionnaires pour

---

que des enfans écrasés contre des murailles, des femmes grosses éventrées, des filles violées & massacrées. Enfin, le zèle religieux rendit toujours les hommes ingénieux dans leur barbarie.

leur annoncer une autre loi *. Lorsque ces propagateurs de la foi eurent la force en main, ils exciterent, dans leurs conquêtes, les révoltes les plus affreuses, ou bien ils exercerent, sur les peuples soumis, des violences bien propres à leur rendre leur Divinité odieuse. Ils crurent, sans doute, que des hommes, à qui leur Dieu étoit si longtems demeuré inconnu, ne pouvoient être que des bêtes, sur lesquelles il étoit permis d'exercer les plus grandes cruautés. Pour un Chrétien, un infidéle ne fut jamais qu'un chien.

C'est apparemment en conséquence

---

* Canhi, Empereur de la Chine, demandoit aux Jésuites, missionnaires à Pékin : *Que diriez-vous, si j'envoyois des missionnaires chez vous ?* On sait les révoltes que les Jésuites ont excitées au Japon & en Ethiopie, dont ils ont fait entierement bannir le christianisme. Un saint missionnaire disoit, *que les missionnaires, sans mousquets, n'étoient pas propres à faire des proselytes.*

des idées judaïques, que les nations Chrétiennes ont été usurper les possessions des habitans du nouveau monde. Les Castillans & les Portugais avoient apparemment les mêmes droits pour s'emparer de l'Amérique & de l'Afrique, que les Hébreux avoient eus pour se rendre maîtres des terres des Chananéens, pour en exterminer les habitans, ou pour les réduire en esclavage. Un pontife du Dieu de la justice & de la paix ne s'arrogea-t-il pas le droit de distribuer des empires lointains aux Monarques Européens qu'il voulut favoriser? Ces violations manifestes du droit de la nature & des gens parurent légitimes à des Princes Chrétiens, en faveur desquels la religion sanctifioit l'avarice, la cruauté, l'usurpation *.

* S. Augustin nous apprend, que *de droit divin tout appartient aux justes* : maxime qui est elle-même fondée sur un passage des pseaumes, qui dit, que *les justes mangeront le fruit du tra-*

Enfin le chriſtianiſme regarde *l'humilité* comme une vertu ſublime ; il lui attache le plus grand prix. Il ne falloit pas, ſans doute, des lumieres divines & ſurnaturelles, pour ſentir que l'orgueil bleſſe les hommes, & rend déſagréables ceux qui le montrent aux autres. Pour peu que l'on réfléchiſſe, on ſera convaincu, que l'arrogance, la préſomption, la vanité, ſont des qualités déplaiſantes & mépriſables ; mais l'humilité du Chrétien doit aller plus loin encore, il faut qu'il renonce à ſa raiſon, qu'il ſe défie de ſes vertus, qu'il refuſe de rendre juſtice à ſes bonnes actions, qu'il perde l'eſti-

---

*vail des impies.* Voyez *S. Aug. ép. 93.* On ſait que le Pape, par une bulle donnée en faveur des Rois de Caſtille, d'Arragon & de Portugal, fixe la ligne de *démarcation* qui régloit les conquêtes que chacun d'eux avoit faites ſur les infidéles. D'après de tels principes, l'univers n'eſt-il pas la proie du brigandage des Chrétiens ?

me la plus méritée de lui-même. D'où l'on voit que cette prétendue vertu n'est propre qu'à dégrader l'homme, à l'avilir à ses propres yeux, à étouffer en lui toute énergie, & tout desir de se rendre utile à la société. Défendre aux hommes de s'estimer eux-mêmes, & de mériter l'estime des autres, c'est briser le ressort le plus puissant qui les porte aux actions grandes, à l'étude, à l'industrie. Il semble que le christianisme ne se propose, que de faire des esclaves abjects, inutiles au monde, à qui la soumission aveugle à leurs prêtres tienne lieu de toute vertu.

N'en soyons point surpris, une religion, qui se pique d'être surnaturelle, doit chercher à dénaturer l'homme : en effet, dans le délire de son enthousiasme, elle lui défend de s'aimer lui-même; elle lui ordonne de haïr les plaisirs, & de chérir la douleur; elle lui fait un mérite des maux volontaires qu'il ſe fait. De-là ces auſtérités, ces pénitences deſtructives de la ſanté, ces mortifications extravagantes, ces privations cruelles, ces pratiques inſenſées, enfin ces ſuicides lents, par leſquels les plus fanatiques des Chrétiens croyent mériter le ciel. Il eſt vrai que tous les Chrétiens ne ſe ſentent pas capables de ces perfections merveilleuſes; mais tous, pour ſe ſauver, ſe croyent plus ou moins obligés de mortifier leurs ſens, de renoncer aux bienfaits qu'un Dieu bon leur préſente, parce qu'ils ſuppoſent que ce Dieu s'irriteroit, s'ils en faiſoient uſage, & ne fait offre de ces biens, que pour que l'on s'abſtienne d'y toucher. Comment la raiſon pourroit-elle approuver des vertus deſtructives de nous-mêmes? Comment le bons ſens pourroit-il admettre un Dieu, qui prétend que l'on ſe rende malheureux, & qui ſe plaît à contempler les tourmens que s'infligent ſes créatures? Quel fruit la ſociété peut-elle recueillir de ces vertus, qui rendent l'homme ſombre, miſérable, & incapable d'être utile à la patrie? La raiſon & l'expérience, ſans le ſecours de la ſuperſtition, ne ſuffiſent-elles donc pas, pour nous prouver que les paſſions & les plaiſirs, pouſſés à l'excès, ſe tournent contre nous-mêmes, & que l'abus des meilleures choſes devient un mal véritable? Notre nature ne nous force-t-elle pas à la tempérance, à la privation des objets qui peuvent nous nuire? En un mot, un être, qui veut ſe conſerver, ne doit-il pas modérer ſes penchans, & fuir ce qui tend à ſa deſtruction *? Il eſt évident que le

---

* Les idées funeſtes, que les hommes ont eues de tout tems de la Divinité, jointes au deſir de ſe diſtinguer des autres, par des actions extraordinaires, ſont les vraies ſources des pénitences que nous voyons pratiquer dans toutes les parties du monde. Rien de plus étonnant que les pénitences des *Joguis* Indiens,

christianisme autorise, au moins indirectement, le suicide.

Ce fut en conséquence de ces idées fanatiques, que, sur-tout dans les premiers tems du christianisme, les déserts & les forêts se sont peuplés de Chré-

---

auxquels les pénitens Chrétiens peuvent à peine se comparer. Les prêtres d'Astarté en Syrie, & de Cybéle en Phrygie, se faisoient eunuques; les Pythagoriciens furent ennemis des plaisirs; les Romains eurent des Vestales semblables à nos religieuses. Peut-être que les idées de la nécessité de faire pénitence, pour appaiser la Divinité, sont dérivées de celles qui persuadoient autrefois que Dieu vouloit le sang humain. C'est, sans doute, là-dessus que s'est fondé le sacrifice de Jésus-Christ, qui fut, à proprement parler, un *suicide*. La religion Chrétienne, en admettant un pareil Dieu pour modéle, annonce à ses sectateurs qu'ils doivent se détruire eux-mêmes, pour sortir promptement de ce monde pervers. Les martyrs, pour la plûpart, furent de vrais suicides. Les moines de la Trappe, ou de Sept-fonds, s'en rendent également coupables.

tiens parfaits, qui, en s'éloignant du monde, priverent leurs familles d'appuis, & leurs patries de citoyens, pour se livrer à une vie oiseuse & contemplative. De-là ces légions de moines & de cénobites, qui, sous les étendarts de différens enthousiastes, se sont enrôlés dans une milice inutile, ou nuisible à l'Etat. Ils crurent mériter le ciel, en enfouissant des talens nécessaires à leurs concitoyens, en se vouant à l'inaction & au célibat. C'est ainsi, que dans les pays, où les Chrétiens sont le plus fidéles à leur religion, une foule d'hommes, par piété, s'obligent à demeurer toute leur vie inutiles & misérables. Quel cœur assez barbare pour réfuser des larmes au sort de ces victimes, tirées d'un sexe enchanteur, que la nature destinoit à faire le bonheur du nôtre ! Dupes infortunées de l'enthousiasme du jeune âge, ou forcées par les vues intéressées d'une famille impérieuse, elles sont pour toujours bannies du monde ; des sermens téméraires les lient pour jamais à l'ennui, à la solitude, à l'esclavage, à la misére ; des engagemens, contredits par la nature, les forcent à la virginité. C'est en vain qu'un tempérament plus mûr réclame tôt ou tard en elles, & les fait gémir sur des vœux imprudens, la société les punit par l'oubli de leur inutilité, de leur stérilité volontaire ; retranchées des familles, elles passent dans l'ennui, l'amertume, & les larmes, une vie perpétuellement gênée par des géolieres incommodes & despotiques : enfin, isolées, sans secours & sans liens, il ne leur reste que l'affreuse consolation de séduire d'autres victimes, qui partagent avec elles les ennuis de leur solitude, & leur supplice devenu sans reméde.

En un mot, le christianisme semble avoir pris à tâche de combattre en tout la nature & la raison : s'il admet quelques vertus, approuvées par le bon ſens, il veut toujours les outrer; il ne conſerve jamais ce juſte milieu, qui eſt le point de la perfection. La volupté, la diſſolution, l'adultère, en un mot, les plaiſirs illicites & honteux ſont évidemment des choſes auxquelles tout homme, jaloux de ſe conſerver, & de mériter l'eſtime de ſes concitoyens, doit réſiſter. Les payens ont ſenti & enſeigné cette vérité, malgré le débordement de mœurs que le chriſtianiſme leur reproche *. La religion Chrétien-

* Ariſtote & Epictète ont recommandé *la pureté dans les diſcours.* Ménandre dit, que l'homme de bien ne peut conſentir à corrompre des vierges, ni à commettre l'adultère. Tibule dit, *caſta placent ſuperis.* Marc Antonin rend graces aux Dieux d'avoir conſervé ſa chaſteté dans ſa jeuneſſe. Les Romains avoient des loix contre l'adultère. Le Pere Tachard dit, que les Siamois ont une morale, qui leur défend non ſeulement les actions deshonnêtes, mais encore les penſées & les deſirs impurs; d'où l'on voit que la chaſteté & la pureté des mœurs furent eſtimées, même avant le chriſtianiſme,

ne, peu contente de ces maximes raisonnables, recommande *le célibat*, comme un état de perfection; le nœud si légitime du mariage est une imperfection à ses yeux. Le pere du Dieu des Chrétiens, avoit dit, dans la Genèse: *Il n'est pas bon que l'homme demeure sans compagne.* Il avoit formellement ordonné à tous les êtres, de *croître & de multiplier.* Son fils, dans l'évangile, vient annuller ces loix; il prétend que, pour être parfait, il faut se priver du mariage, résister à l'un des plus pressans besoins que la nature inspire à l'homme, mourir sans postérité, refuser des citoyens à l'Etat, & des supports à sa vieillesse.

Si nous consultons la raison, nous trouverons, que les plaisirs de l'amour nuisent à nous-mêmes, quand nous les prenons avec excès; qu'ils sont des

---

par des nations qui n'en avoient jamais oui parler.

crimes, lorſqu'ils nuiſent à d'autres; nous ſentirons, que corrompre une fille, c'eſt la condamner à la honte & à l'infamie, c'eſt anéantir pour elle les avantages de la ſociété; nous trouverons, que l'adultère eſt une invaſion des droits d'un autre, qui détruit l'union des époux, qui ſépare au moins des cœurs qui étoient faits pour s'aimer; nous conclurons de ces choſes, que le mariage étant le ſeul moyen de ſatisfaire honnêtement & légitimement le beſoin de la nature, de peupler la ſociété, de ſe procurer des appuis, eſt un état bien plus reſpectable & bien plus ſacré que ce célibat deſtructeur, que cette caſtration volontaire, que le chriſtianiſme a le front de transformer en vertu. La nature, ou l'auteur de la nature, invite les hommes à ſe multiplier, par l'attrait du plaiſir; il a déclaré hautement, que la femme étoit néceſſaire à l'homme; l'expérience a fait connoître qu'ils devoient former une ſociété, non ſeulement pour jouir de plaiſirs paſſagers, mais encore pour s'aider à ſupporter les amertumes de la vie, pour élever des enfans, pour en faire des citoyens, pour trouver en eux des ſupports de leur vieilleſſe. En donnant à l'homme des forces ſupérieures à celles de ſa compagne, la nature voulut qu'il travaillât à faire ſubſiſter ſa famille; en donnant à cette compagne des organes plus foibles, elle l'a deſtinée à des travaux moins pénibles, mais non moins néceſſaires; en lui donnant une ame plus ſenſible & plus douce, elle voulut qu'un ſentiment tendre l'attachât plus particulierement à ſes foibles enfans. Voilà les liens heureux que le chriſtianiſme voudroit empêcher de ſe former *; voilà les vues qu'il s'efforce

* Il eſt évident, que, dans la religion chrétienne, le mariage eſt regardé comme un état d'imperfection. Cela vient peut-être de ce que Jéſus-Chriſt étoit de la ſecte des Eſſéniens, qui,

de traverser, en proposant, comme

semblables aux moines modernes, renonçoient au mariage, & se vouoient au célibat. Ces idées ont vraisemblablement été adoptées par les premiers Chrétiens, qui attendant, d'après les prophéties du Christ, la fin du monde à chaque instant, regardoient comme inutile d'avoir des enfans & de multiplier les liens qui les attachoient à un monde prêt à périr. Quoi qu'il en soit, S. Paul dit *qu'il vaut mieux se marier que de brûler*. Jésus avoit parlé lui-même avec éloge de ceux qui se sont *faits eunuques pour le royaume des Cieux*. Origéne prit à la lettre ce conseil ou ce précepte. S. Justin martyr dit, que Dieu *voulut naître d'une vierge, afin d'abolir la génération ordinaire, qui est le fruit d'un desir illégitime*. La perfection, que le Christianisme attache au célibat, fut une des principales causes qui le fit bannir de la Chine. S. Edouard le confesseur s'abstint de sa femme toute sa vie. L'idée de la perfection, attachée à la chasteté, fut cause de l'extinction successive de toutes les familles royales des Saxons en Angleterre. Le moine S. Augustin, l'apôtre des Anglois, consulta S. Grégoire Pape, pour savoir *combien il faut de tems pour qu'un homme, qui a eu commerce avec sa femme, puisse entrer à l'Eglise, & être admis à la communion des fidéles*.

un

un état de perfection, un célibat qui dépeuple la société, qui contredit la nature, qui invite à la débauche, qui rend les hommes isolés, & qui ne peut être avantageux qu'à la politique odieuse des prêtres de quelques sectes Chrétiennes, qui se font un devoir de se séparer de leurs concitoyens, pour former un corps fatal, qui s'éternise sans postérité. *Gens æterna, in quâ nemo nascitur* *.

---

* Le célibat, prescrit aux prêtres de l'Eglise Romaine, paroît être l'effet de la politique la plus raffinée, dans les pontifes qui les soumirent à cette loi. D'abord il dut augmenter la vénération des peuples, qui crurent que leurs prêtres n'étoient pas des hommes, composés de chair & d'os, comme les autres. En second lieu, en interdisant le mariage aux prêtres, on rompit les liens qui les attachoient à des familles & à l'état, pour les attacher uniquement à l'Eglise, dont les biens, par ce moyen, ne furent point partagés, & demeurerent en entier. C'est par le célibat, que les prêtres de l'Eglise Romaine sont devenus si puissans & si mauvais citoyens.

Si le christianisme eut l'indulgence de permettre le mariage à ceux de ses sectateurs, qui n'oserent, ou ne purent tendre à la perfection, il semble qu'il les en a punis, par les entraves incommodes qu'il mit à ce nœud; c'est ainsi que nous voyons le divorce défendu par la religion chrétienne; les nœuds les plus mal assortis sont devenus indissolubles; les personnes,

---

Le célibat les rend, en quelque sorte, indépendans; ils ne sont point obligés de songer à leur postérité. Un homme, qui a famille, a des besoins inconnus au célibataire, qui voit tout finir avec lui. Les Papes les plus ambitieux ont été les plus grands promoteurs du célibat des prêtres. Ce fut Grégoire VII qui travailla à l'établir avec le plus de chaleur. Si les prêtres pouvoient se marier, les Rois & les Princes se feroient bientôt prêtres, & le Souverain Pontife ne trouveroit point en eux des sujets assez dociles. C'est au célibat que paroissent dûs la dureté, l'inhumanité, l'obstination, & l'esprit remuant, que l'on a toujours reprochés au Clergé catholique.

mariées une fois, sont forcées de gémir pour toujours de leur imprudence, quand même le mariage, qui ne peut avoir que le bien-être, la tendresse, l'affection, pour objet & pour base, deviendroit pour elles une source de discordes, d'amertumes & de peines. C'est ainsi que la loi, d'accord avec la religion cruelle, consent à empêcher les malheureux de briser leurs chaînes. Il paroît que le christianisme a mis tout en œuvre pour détourner du mariage, & pour lui faire préférer un célibat qui conduit nécessairement à la débauche, à l'adultère, à la dissolution *. Cependant, le Dieu des

* La nature ne perd jamais ses droits; les célibataires sentent des besoins comme les autres hommes; ils ne trouvent de ressource que dans la prostitution & dans l'adultère, ou dans des moyens que la décence ne permet pas de nommer. En Espagne, en Portugal, en Italie, les moines & les prêtres sont des monstres de luxure; la débauche, la pédérastie, les adul-

Juifs avoit permis le divorce, & nous ne voyons point de quel droit son fils, qui venoit accomplir la loi de Moïse, a révoqué une permission si sensée.

Nous ne parlons point ici des autres entraves, que, depuis son fondateur, l'Eglise a mises au mariage *. En

---

tères, sont si communs dans ces pays, à cause des célibataires. Les vices des laïcs deviendroient plus rares, si le mariage n'étoit pas indissoluble.

* Les Souverains Pontifes de Rome doivent bien rire, quand ils voyent des Rois les supplier de leur accorder des dispenses de mariage. Il est évident, que dans l'origine, les mariages entre parens furent défendus par la loi civile; des Princes & des Empereurs, même Chrétiens, ont seuls, au commencement, défendu & permis ces sortes de mariages. Voyez *le code de Théod. tit. 12. loi 3. & dans le code, loi 5. tit. 8. §. 10. &* ibid. *tit. 8, 9, 37.* Les Rois de France ont exercé le même droit. M. de Marca dit formellement : *Pars illa juris tunc erat penè Principes, sine ullâ controversiâ.* Voyez son livre *de concordiâ sacerdotii & imperii.* Peu-

profcrivant les mariages entre parens, ne femble-t-elle pas avoir défendu,

---

à-peu l'Eglife a pourtant ufurpé ce droit fur les Princes, & les Papes fe font tellement rendus les maîtres du lien conjugal, qu'il fut un tems qu'il étoit prefque impoffible de favoir fi l'on étoit bien ou mal marié; l'Eglife défendoit les mariages jufqu'où la parenté ne pouvoit plus fe connoître. *L'affinité* devint un empêchement; *les affinités fpirituelles* furent inventées; les parrains & les marraines ne purent plus s'époufer, & le Pape devint ainfi l'arbitre du fort des Rois & des fujets; & fous prétexte de *mariages inceftueux*, il troubla cent fois l'ordre des Etats; il excommunia les Souverains; il déclara leurs enfans illégitimes; il décida de l'ordre de la fucceffion aux couronnes. Cependant, fuivant la bible, il eft indubitable que les enfans d'Adam dûrent époufer leurs fœurs. Les théologiens ont profcrit les mariages entre parens, pour une raifon bien digne d'eux. Ces mariages, difent-ils, font criminels, parce que, fi à l'union, qui fubfifte déja entre parens, fe joignoit encore la tendreffe conjugale, il feroit à craindre que l'amour des époux ne fût trop grand.

que ceux qui vouloient s'unir, ſe connuſſent parfaitement, & s'aimaſſent trop tendrement ?

Telles ſont les perfections que le chriſtianiſme propoſe à ſes enfans, telles ſont les vertus qu'il préfére à celles qu'il nomme, par mépris, *vertus humaines*. Bien plus, il rejette & déſavoue ces dernieres, il les appelle fauſſes, illégitimes, parce que ceux qui les poſſédoient, n'avoient point la foi. Quoi ! ces vertus ſi aimables, ſi héroïques, de la Gréce & de Rome, n'étoient point de vraies vertus ! Si l'équité, l'humanité, la généroſité, la tempérance, la patience d'un payen, ne ſont pas des vertus, à quoi peut-on donner ce nom ? N'eſt-ce pas confondre toutes les idées de la morale, que de prétendre que la juſtice d'un payen n'eſt pas juſtice, que ſa bonté n'eſt pas bonté, que ſa bienfaiſance eſt un crime ? Les vertus réelles des Socrate, des Caton, des Epictète, des Antonin, ne sont-elles donc pas préférables au zèle des Cyrilles, & à l'opiniâtreté des Athanase, à l'inutilité des Antoine, aux révoltes des Chrysostome, à la férocité des Dominique, à l'abjection d'ame des François *?

Toutes les vertus, que le christianisme admire, ou sont outrées & fanatiques, ou elles ne tendent qu'à rendre l'homme timide, abject & malheureux : si elles lui donnent du courage, il devient bientôt opiniâtre, altier, cruel, & nuisible à la société. C'est

* On sait que S. Cyrille, à l'aide d'une troupe de moines, tenta de faire assassiner Oreste, Gouverneur d'Aléxandrie, & réussit à faire assassiner, de la façon la plus barbare, la belle, la savante, la vertueuse Hypatie. Tous les saints, que l'Eglise Romaine révère, ont été, ou des rebelles, qui ont accru son autorité, ou des fanatiques, qui ont combattu pour la cause de son ambition, ou des imbécilles, qui l'ont richement dotée, ou des fous, ou des visionnaires, qui se sont détruits eux-mêmes.

ainſi qu'il faut qu'il ſoit, pour répondre aux vues d'une religion qui dédaigne la terre, & qui ne s'embarraſſe pas d'y porter le trouble, pourvû que ſon Dieu jaloux triomphe de ſes ennemis. Nulle morale véritable ne peut être compatible avec une telle religion.

---

## CHAPITRE XIII.

*Des pratiques & des devoirs de la religion Chrétienne.*

Si les vertus du chriſtianiſme n'ont rien de ſolide & de réel, ou ne produiſent aucun effet que la raiſon puiſſe approuver, elle ne verra rien de plus eſtimable dans une foule de pratiques gênantes, inutiles, & ſouvent dangereuſes, dont il fait des devoirs à ſes dévots ſectateurs, & qu'il leur montre comme des moyens aſſurés d'appaiſer la Divinité, d'obtenir ſes graces, de mériter ſes récompenſes ineffables.

Le premier, & le plus essentiel des devoirs du christianisme, est de *prier*. C'est à la priere continuelle, que le christianisme attache sa félicité; son Dieu, que l'on suppose rempli de bontés, veut être sollicité pour répandre ses graces; il ne les accorde qu'à l'importunité : sensible à la flatterie, comme les Rois de la terre, il exige une étiquette, il n'écoute favorablement que des vœux présentés suivant une certaine forme. Que dirions-nous d'un pere, qui, connoissant les besoins de ses enfans, ne consentiroit point à leur donner la nourriture nécessaire, à moins qu'ils ne l'arrachassent par des supplications ferventes, & souvent inutiles? Mais, d'un autre côté, n'est-ce pas se défier de la sagesse de Dieu, que de prescrire des régles à sa conduite? N'est-ce pas révoquer en doute son immutabilité, que de croire que sa créature peut l'obliger à changer ses décrets? S'il sait tout, qu'a-t-il besoin d'être averti ſans ceſſe des diſpoſitions du cœur & des deſirs de ſes ſujets ? S'il eſt tout-puiſſant, comment ſeroit-il flatté de leurs hommages, de leurs ſoumiſſions réitérées, de l'anéantiſſement où ils ſe mettent à ſes pieds ?

En un mot, la priere ſuppoſe un Dieu capricieux, qui manque de mémoire, qui eſt ſenſible à la louange, qui eſt flatté de voir ſes ſujets humiliés devant lui, qui eſt jaloux de recevoir, à chaque inſtant, des marques réitérées de leur ſoumiſſion.

Ces idées, empruntées des Princes de la terre, peuvent-elles bien s'appliquer à un Etre tout-puiſſant, qui n'a créé l'univers que pour l'homme, & qui ne veut que ſon bonheur ? Peut-on ſuppoſer, qu'un Etre tout-puiſſant, ſans égal & ſans rivaux, ſoit jaloux de ſa gloire ? Eſt-il une gloire pour un Etre à qui rien ne peut être comparé ? Les Chrétiens ne voyent-ils pas, qu'en voulant exalter & honorer leur

Dieu, ils ne font réellement que l'abbaiſſer & l'avilir ?

Il entre encore dans le ſyſtème de la religion Chrétienne, que les prieres des uns peuvent être applicables à d'autres : ſon Dieu, partial pour ſes favoris, ne reçoit que les requêtes de ceux-ci ; il n'écoute ſon peuple, que lorſque ſes vœux lui ſont offerts par ſes miniſtres. Ainſi, Dieu devient un ſultan, qui n'eſt acceſſible que pour ſes miniſtres, ſes viſirs, ſes eunuques, & les femmes de ſon ſerrail. De-là, cette foule innombrable de prêtres, de cénobites, de moines & de religieuſes, qui n'ont d'autres fonctions, que d'élever leurs mains oiſives au ciel, & de prier nuit & jour, pour obtenir ſes faveurs pour la ſociété. Les nations payent chérement ces importans ſervices, & de pieux fainéans vivent dans la ſplendeur, tandis que le mérite réel, le travail & l'induſtrie, languiſſent dans la miſére *.

* Un Empereur ( c'étoit Juſtin, ſi je ne me

Sous prétexte de vaquer à la priere & aux cérémonies de son culte, le Chrétien, surtout dans quelques sectes plus superstitieuses, est obligé de demeurer oisif, & de rester les bras croisés pendant une grande partie de l'année; on lui persuade qu'il honore son Dieu par son inutilité; des fêtes, multipliées par l'intérêt des prêtres & la crédulité des peuples, suspendent les travaux nécessaires de plusieurs millions de bras; l'homme du peuple va prier dans un temple, au lieu de cultiver son champ; là il repaît ses yeux de cérémonies puériles, & ses oreilles de fables & de dogmes auxquels il ne peut rien comprendre. Une religion tyrannique fait un crime à l'artisan, ou au cultivateur, qui, pendant ces journées, consacrées au désœuvrement, oseroit s'occuper du soin de faire sub-

---

trompe) demandoit pardon à Dieu, & se faisoit un scrupule du tems qu'il donnoit à l'administration de l'Etat, & qu'il ôtoit à ses prieres.

ſiſter une famille nombreuſe & indigente, & de concert avec la religion, le gouvernement puniroit ceux qui auroient l'audace de gagner du pain, au lieu de faire des prieres, ou de reſter les bras croiſés *.

La raiſon peut-elle ſouſcrire à cette obligation bizarre de s'abſtenir de viandes & de quelques alimens, que certaines ſectes chrétiennes impoſent? Le peuple, qui vit de ſon travail, eſt, en conſéquence de cette loi, forcé de ſe contenter, pendant des intervalles

* Conſtantin, comme Empereur, ordonna en l'an 321, de ceſſer le Dimanche toutes les fonctions de la juſtice, les métiers & les occupations ordinaires des villes. Celles de la campagne & de l'agriculture furent exceptées de cette loi. Ces diſpoſitions étoient au moins plus raiſonnables que celles qui ſubſiſtent aujourd'hui, ſurtout chez les Catholiques Romains. C'eſt maintenant le Pape & les Evêques qui preſcrivent les fêtes, & qui forcent le peuple à être oiſif. Voyez *Tillemont, vie de Conſtantin, art. 15. p. 180.*

très-longs, d'une nourriture chère, mal-saine, & peu propre à réparer les forces.

Quelles idées abjectes & ridicules doivent avoir de leur Dieu, des insensés qui croyent qu'il s'irrite de la qualité des mêts qui entrent dans l'estomach de ses créatures? cependant, à prix d'argent, le ciel devient plus accommodant. Les prêtres des Chrétiens ont été sans cesse occupés à gêner leurs crédules sectateurs, afin de les obliger à transgresser; le tout, pour avoir occasion de leur faire expier chérement leurs prétendues transgressions. Tout dans le Christianisme, jusqu'aux péchés, tourne au profit du prêtre *.

---

Les Grecs & les Chrétiens orientaux observent plusieurs carêmes, & jeûnent avec rigueur. En Espagne, en Portugal, on achete la permission de faire gras les jours défendus: on est forcé de payer la taxe, ou *la bulle de la Croisade*, même quand on se conformeroit aux commandemens de l'Eglise, sans cela point

Aucun culte ne mit jamais ses sectateurs dans une dépendance plus entiere, & plus continuelle de leurs prêtres, que le Christianisme; ils ne perdirent jamais de vue leur proie; ils prirent les mesures les plus justes pour asservir les hommes & les faire contribuer à leur puissance, à leurs richesses, à leur empire. Médiateurs

---

d'absolution. L'usage de jeûner, & de s'abstenir de certains alimens, est venu des Egyptiens aux Juifs, & de ceux-ci aux Chrétiens & aux Mahométans. Les puissances, que les Catholiques Romains regardent comme hérétiques, sont presque les seules qui profitent de l'abstinence de la viande; les Anglois leur vendent de la morue, & les Hollandois des harengs. N'est-il pas bien singulier, que les Chrétiens s'abstiennent de viande, abstinence qui n'est ordonnée nulle part dans le nouveau testament, tandis qu'ils ne s'abstiennent point du sang, de boudin, & de la chair des animaux étouffés, qui sont absolument défendus par les Apôtres, & aussi sévérement que la fornication. Voyez *les Actes des Ap. ch. 15. v. 8.*

entre le Monarque céleste & ses sujets, ces prêtres furent regardés comme des courtisans en crédit, comme des ministres chargés d'exercer la puissance en son nom, comme des favoris auxquels la Divinité ne pouvoit rien refuser. Ainsi, les ministres du Très-Haut devinrent les maîtres absolus du sort des Chrétiens; ils s'emparerent, pour la vie, des esclaves que la crainte & les préjugés leur soumirent; ils se les attacherent, & se rendirent nécessaires à eux, par une foule de pratiques & de devoirs aussi puériles que bizarres, qu'ils eurent soin de leur faire regarder comme indispensablement nécessaires au salut. Ils leur firent, de l'omission de ces devoirs, des crimes bien plus graves, que de la violation manifeste des régles de la morale & de la raison.

Ne soyons donc point étonnés, si dans les sectes les plus Chrétiennes, c'est-à-dire, les plus superstitieuses,

nous

nous voyons l'homme perpétuellement infesté par des prêtres. A peine est-il sorti du sein de sa mere, que, sous prétexte de le laver d'une prétendue *tache originelle*, son prêtre le baptise pour de l'argent, le réconcilie avec un Dieu qu'il n'a point encore pu offenser; à l'aide de paroles & d'enchantemens, il l'arrache au domaine du démon. Dès l'enfance la plus tendre, son éducation est ordinairement confiée à des prêtres, dont le principal objet est de lui inculquer de bonne heure les préjugés nécessaires à leurs vues; ils lui inspirent des terreurs, qui se multiplieront en lui pendant toute sa vie; ils l'instruisent dans les fables d'une religion merveilleuse, dans ses dogmes insensés, dans ses mystères incompréhensibles; en un mot, ils en font un Chrétien superstitieux, & jamais ils n'en font un citoyen utile, un homme éclairé *. Il n'est qu'une chose

* Dans presque tout l'univers, l'éducation

qu'on lui montre comme néceſſaire, c'eſt d'être dévotement ſoumis à ſa religion. Sois dévot, lui dit-on, ſois aveugle, mépriſe ta raiſon, occupe-toi du ciel, & néglige la terre, c'eſt tout ce que Dieu te demande pour te conduire au bonheur.

Pour entretenir le Chrétien dans les idées abjectes & fanatiques, dont ſa jeuneſſe fut imbue, ſes prêtres, dans quelques ſectes, lui ordonnent de venir ſouvent dépoſer dans leur ſein ſes fautes les plus cachées, ſes actions les plus ignorées, ſes penſées les plus ſecretes; ils le forcent de venir s'humilier à leurs pieds, & rendre hommage à leur pouvoir; ils effrayent le coupa-

---

des hommes eſt confiée à des prêtres. Il ne faut point être ſurpris, après cela, ſi l'ignorance, la ſuperſtition & le fanatiſme s'éterniſent. Chez les Proteſtans, ainſi que chez les Catholiques, les univerſités ſont des établiſſemens purement ſacerdotaux. Il ſembleroit que les Européens ne veulent former que des moines.

ble, & s'ils l'en jugent digne, ils le réconcilient ensuite avec la Divinité, qui, sur l'ordre de son ministre, lui remet les péchés dont il s'étoit souillé. Les sectes Chrétiennes, qui admettent cette pratique, nous la vantent comme un frein très-utile aux mœurs, & très-propre à contenir les passions des hommes; mais l'expérience nous prouve, que les pays, où cet usage est le plus fidélement observé, loin d'avoir des mœurs plus pures que les autres, en ont de plus dissolues. Ces expiations si faciles ne font qu'enhardir au crime. La vie des Chrétiens est un cercle de déréglemens & de *confessions* périodiques; le sacerdoce profite seul de cet usage, qui le met à portée d'exercer un empire absolu sur les consciences des hommes. Quelle doit être la puissance d'un ordre d'hommes, qui ouvrent & ferment à leur gré les portes du ciel, qui ont les secrets des familles, qui peuvent à volonté allumer le fanatisme dans les esprits!

Sans l'aveu du sacerdoce, le Chrétien ne peut participer à ses mystères sacrés, les prêtres ont le droit de l'en exclure. Il pourroit se consoler de cette privation prétendue ; mais les anathêmes, ou *excommunications* des prêtres, sont par-tout un mal réel à l'homme ; les peines spirituelles produisent des effets temporels, & tout citoyen, qui encourt la disgrace de l'Eglise, est en danger d'encourir celle du gouvernement, & devient un objet odieux pour ses concitoyens.

Nous avons déja vu que les ministres de la religion se sont ingérés des affaires du mariage ; sans leur aveu, un Chrétien ne peut devenir pere ; il faut qu'il se soumette aux formes capricieuses de la religion ; sans cela, la politique, d'accord avec la religion, excluroit ses enfans du rang des citoyens*.

* Pour peu qu'on lise l'histoire, on trouvera que les prêtres Chrétiens ont voulu se mêler de de tout : l'église, en bonne mere, s'est mêlée

Durant tout le cours de ſa vie, le Chrétien, ſous peine de ſe rendre coupable, eſt obligé d'aſſiſter aux cérémonies de ſon culte, aux inſtructions de ſes prêtres; dès qu'il remplit fidélement cet important devoir, il ſe croit le favori de ſon Dieu, & ſe perſuade qu'il ne doit plus rien à la ſociété. C'eſt ainſi que des pratiques inutiles prennent la place de la morale, qui partout eſt ſubordonnée à la religion, à qui elle devroit commander.

Lorſque le terme de ſa vie eſt venu, étendu ſur ſon lit, le Chrétien eſt encore aſſailli par ſes prêtres dans ſes derniers inſtans. Dans quelques ſectes chrétiennes, la religion ſemble s'être étudiée à rendre à l'homme ſa mort

---

de la coëffure, de l'habillement, de la chauſſure de ſes enfans. Dans le quinzieme ſiécle, elle étoit irritée contre les ſouliers pointus, que l'on portoit alors, ſous le nom de *ſouliers à la poulaine*. S. Paul, déja de ſon tems, avoit décrié la friſure.

mille fois plus amère. Un prêtre tranquille vient porter l'allarme auprès du grabat d'un mourant; sous prétexte de le réconcilier avec son Dieu, il vient lui faire savourer le spectacle de sa fin *. Si cet usage est destructeur pour les citoyens, il est au moins très-utile au sacerdoce, qui doit une grande partie de ses richesses aux terreurs salutaires qu'il inspire à propos aux Chrétiens riches & moribonds. La morale n'en retire pas les mêmes fruits : l'expérience nous montre, que la plûpart des Chrétiens, vivans avec sécurité

---

* Rien de plus barbare que les usages de l'Eglise Romaine, relativement aux mourans; les sacremens font mourir plus de monde que les maladies & les médecins; la frayeur ne peut que causer des révolutions fâcheuses dans un corps affoibli : cependant, la politique s'accorde avec la religion, pour maintenir ces usages cruels. A Paris, lorsqu'un médecin a rendu trois visites à un malade, l'ordonnance veut qu'il lui fasse administrer les sacremens.

dans le débordement, ou le crime, remettent à la mort le soin de se réconcilier avec Dieu : à l'aide d'un repentir tardif, & des largesses qu'ils font au sacerdoce, celui-ci expie leurs fautes, & leur permet d'espérer que le ciel met en oubli les rapines, les injustices & les crimes qu'ils ont commis pendant tout le cours d'une vie nuisible à leurs semblables.

La mort même ne termine point l'empire du sacerdoce sur les Chrétiens de quelques sectes ; les prêtres mettent à profit son cadavre ; à prix d'argent, on acquiert, pour sa dépouille mortelle, le droit d'être déposé dans un temple, & de répandre dans les villes l'infection & la maladie. Que dis-je ? le pouvoir sacerdotal s'étend même au-delà des bornes du trépas. On achéte chérement les prieres de l'Eglise, pour délivrer les ames des morts des supplices que l'on prétend destinés dans l'autre monde à les purifier. Heureux les riches, dans une religion, où, à l'aide de l'argent, on peut intéresser les favoris de Dieu à le prier de remettre les peines que sa justice immuable leur avoit fait infliger * !

Tels sont les principaux devoirs que le christianisme recommande comme nécessaires, & de l'observation desquels il fait dépendre le salut. Telles

---

* A l'aide du dogme du Purgatoire, & de l'efficacité des prieres de l'Eglise, pour en tirer, l'Eglise Romaine est souvent parvenue à dépouiller les familles des plus riches successions. Souvent les bons Chrétiens deshéritent leurs parens, pour donner à l'Eglise ; cela s'appelle *faire son ame héritiere*. Au concile de Basle, tenu en 1443, les Franciscains tâcherent de faire passer en dogme cette proposition : *Beatus Franciscus, ex divino privilegio, quot annis in Purgatorium descendit, suosque omnes in cœlum deducit*. Mais ce dogme, trop favorable aux Cordeliers, fut rejetté par les Evêques. L'opinion de l'Eglise Catholique est, que les prieres pour les trépassés sont mises en *masse commune*. Dans ce cas, comme de raison, les plus riches font les frais.

ſont les pratiques arbitraires, ridicules & nuiſibles, qu'il oſe ſouvent ſubſtituer aux devoirs de la ſociété. Nous ne combattrons pas les différentes pratiques ſuperſtitieuſes, admiſes avec reſpect par quelques ſectes, & rejettées par d'autres, telles que les honneurs rendus à la mémoire de ces pieux fanatiques, de ces héros de l'enthouſiaſme, de ces contemplateurs obſcurs, que le Pontife Romain met au nombre des ſaints *. Nous ne parlerons pas de ces pélérinages, dont la ſuperſtition des peuples fait tant de cas, ni de ces indulgences, à l'aide deſquelles les péchés ſont remis. Nous nous contenterons de dire, que ces choſes ſont communément plus reſpectées du peuple qui les admet, que les régles de la morale, qui ſouvent ſont totalement

* On ſait que le *Dairy*, ou Pape des Japonnois, a, comme celui des Romains, le droit de canoniſer, ou de faire des ſaints. Ces ſaints ſe nomment *Camis* au Japon.

ignorées. Il en coûte bien moins aux hommes, de se conformer à des rites, à des cérémonies, à des pratiques, que d'être vertueux. Un bon Chrétien est un homme qui se conforme exactement à ce que ses prêtres exigent de lui; ceux-ci, pour toutes vertus, lui demandent d'être aveugle, libéral & soumis.

## CHAPITRE XIV.

### *Des effets politiques de la Religion Chrétienne.*

APRÈS avoir vu l'inutilité, & même le danger des perfections, des vertus & des devoirs, que la religion Chrétienne nous propose, voyons si elle a de plus heureuses influences sur la politique, ou si elle procure un bien-être réel aux nations chez qui cette religion est établie, & seroit fidèlement observée. D'abord, nous trouvons que par-tout où le christianisme est admis, il s'établit deux législations opposées l'une à l'autre, & qui se combattent réciproquement. La politique est faite pour maintenir l'union & la concorde entre les citoyens. La religion Chrétienne, quoiqu'elle leur prêche de s'aimer, & de vivre en paix, anéantit bientôt ce précepte, par les divisions nécessaires qui doivent s'élever parmi ses sectateurs, qui sont forcés d'entendre diversement les oracles ambigus que les livres saints leur annoncent. Dès le commencement du christianisme, nous voyons des disputes très-vives entre ses docteurs *. Depuis, nous ne trouvons, dans tous les siécles, que des schismes, des hérésies, suivis de persécutions & de combats,

* Dès la premiere fois que les Apôtres s'assemblent dans le concile de Jérusalem, nous voyons S. Paul en querelle avec S. Pierre, pour savoir s'il falloit observer les rites judaïques, ou bien y renoncer. Les hommes, qui tenoient la foi de la premiere main, ne purent être d'accord; ils ne l'ont pas été davantage depuis.

très-propres à détruire cette concorde si vantée, qui devient impossible dans une religion où tout est obscurité. Dans toutes les disputes religieuses, les deux partis croyent avoir Dieu de leur côté, par conséquent ils sont opiniâtres. Comment ne le seroient-ils pas, puisqu'ils confondent *la cause de Dieu* avec celle de leur vanité? Ainsi, peu disposés à céder de part & d'autre, ils se combattent, se tourmentent, se déchirent, jusqu'à ce que la force ait décidé de querelles qui jamais ne sont du ressort du bon sens. En effet, dans toutes les dissensions qui se sont élevées parmi les Chrétiens, l'autorité politique fut toujours obligée d'intervenir; les Souverains prirent parti dans les disputes frivoles des prêtres, qu'ils regarderent comme des objets de la derniere importance. Dans une religion, établie par un Dieu lui-même, il n'est point de minuties; en conséquence, les Princes s'armerent contre une partie de leurs ſujets ; la façon de penſer de la cour décida de la croyance & de la foi des ſujets ; les opinions qu'elle appuya, furent les ſeules véritables ; les ſatellites furent les gardiens de l'*orthodoxie*, les autres devinrent des hérétiques & des rebelles, que les premiers ſe firent un devoir d'exterminer *.

Les préjugés des Princes, ou leur fauſſe politique, leur ont toujours fait regarder ceux de leurs ſujets, qui n'avoient point les mêmes opinions qu'eux ſur la religion, comme de mauvais citoyens, dangereux pour l'Etat, comme des ennemis de leur pouvoir.

* Un homme d'eſprit diſoit, que la religion orthodoxe étoit, dans chaque état, celle dont étoit le bourreau. En effet, ſi l'on y fait attention, on conviendra que ce ſont les Rois & les ſoldats qui ont établi tous les dogmes de la religion Chrétienne. Si Louis XIV eut vécu, la conſtitution *Unigenitus* ſeroit devenue un article de foi parmi nous.

Si laissant aux prètres le soin de vuider leurs querelles impertinentes, ils n'eussent point persécuté, pour leur donner du poids, ces querelles se seroient assoupies d'elles-mêmes, ou n'eussent point intéressé la tranquillité publique. Si ces Rois, impartiaux, eussent récompensé les bons, & puni les méchans, sans avoir égard à leurs spéculations, à leur culte, à des cérémonies, ils n'eussent pas forcé un grand nombre de leurs sujets à devenir les ennemis nés du pouvoir qui les opprimoit. C'est à force d'injustices, de violences & de persécutions, que les Princes Chrétiens ont cherché de tout tems à ramener les hérétiques. Le bon sens n'eut-il pas dû leur montrer, que cette conduite n'étoit propre qu'à faire des hypocrites, des ennemis cachés, ou même à produire des révoltes *.

* Louis XIV, après la révocation de l'édit de Nantes, fit, comme l'on sait, tourmenter les

Mais ces réflexions ne sont point faites pour des Princes, que le christianisme travaille dès l'enfance à remplir de fanatisme & de préjugés. Il leur inspire, pour toute vertu, un attachement opiniâtre à des frivolités, une ardeur impétueuse pour des dogmes étrangers au bien de l'Etat, une colere emportée contre tous ceux qui refusent de plier sous leurs opinions despotiques. Dès-lors, les Souverains trouvent plus court de détruire, que de ramener par la douceur : leur despotisme altier ne s'abbaisse point à raisonner. La religion leur persuade que la tyrannie est légitime, que la cruauté est méritoire, quand il s'agit de la cause du ciel.

---

*Huguenots*, & leur défendit en même tems de sortir de la France. Cette conduite paroît aussi sensée que celle de ces enfans, qui tourmentent des oiseaux qu'ils ont renfermés dans une cage, & qui pleurent ensuite, quand ils les ont tués.

En effet, le christianisme changea toujours en despotes & en tyrans les Souverains qui le favoriserent; il les représenta comme des Divinités sur la terre; il fit respecter leurs caprices comme les volontés du ciel même; il leur livra les peuples comme des troupeaux d'esclaves, dont ils pouvoient disposer à leur gré. En faveur de leur zèle pour la religion, il pardonna souvent aux Monarques les plus pervers, les injustices, les violences, les crimes, & sous peine d'irriter le Très-Haut, il commanda aux nations de gémir, sans murmurer, sous le glaive qui les frappoit, au lieu de les protéger. Ne soyons donc point surpris si, depuis que la religion chrétienne s'est établie, nous voyons tant de nations gémir sous des tyrans dévots, qui n'eurent d'autre mérite qu'un attachement aveugle pour la religion, & qui d'ailleurs se permirent les crimes les plus révoltans, la tyrannie la plus affreuse, les débordemens les plus honteux, la licence la plus effrénée. Quelques fussent les injustices, les oppressions, les rapines des Souverains, ou religieux, ou hypocrites, les prêtres eurent soin de contenir leurs sujets. Ne soyons point non plus étonnés de voir tant de Princes, incapables ou méchans, soutenir à leur tour les intérêts d'une religion, dont leur fausse politique avoit besoin, pour soutenir leur autorité. Les Rois n'auroient aucun besoin de la superstition pour gouverner les peuples, s'ils avoient de l'équité, des lumières & des vertus, s'ils connoissoient & pratiquoient leurs vrais devoirs, s'ils s'occupoient véritablement du bonheur de leurs sujets ; mais comme il est plus aisé de se conformer à des rites, que d'avoir des talens, ou de pratiquer la vertu, le christianisme trouva trop souvent, dans les Princes, des appuis disposés à le soutenir, & même des bourreaux prêts à le servir.

Les ministres de la religion n'eurent pas la même complaisance pour les Souverains qui refuserent de faire cause commune avec eux, d'embrasser leurs querelles, de servir leurs passions; ils se souleverent contre ceux qui voulurent leur résister, les punir de leurs excès, les ramener à la raison, modérer leurs prétentions ambitieuses, toucher à leurs *immunités*. Les prêtres crierent alors *à l'impiété*, *au sacrilége*; ils prétendirent que le Souverain *mettoit la main à l'encensoir*, usurpoit des droits accordés par Dieu lui-même; en un mot, ils chercherent à soulever les peuples contre l'autorité la plus légitime; ils armerent des fanatiques contre les Souverains, travestis en tyrans, pour n'avoir point été soumis à l'Eglise. Le ciel fut toujours prêt à venger les injustices faites à ses ministres; ceux-ci ne furent soumis eux-mêmes, & ne prêcherent la soumission aux autres, que quand il leur fut permis de partager l'autorité, ou quand ils furent trop foibles pour lui résister. Voilà pourquoi, dans la naissance du christianisme, nous voyons ses apôtres sans pouvoir prêcher la subordination; dès qu'il se vit soutenu, il prêcha la persécution; dès qu'il se vit puissant, il prêcha la révolte, il déposa des Rois, il les fit égorger.

Dans toutes les sociétés politiques où le christianisme est établi; il subsiste deux puissances rivales, qui luttent continuellement l'une contre l'autre, & par le combat desquelles l'Etat est ordinairement déchiré. Les sujets se partagent, les uns combattent pour leur Souverain, les autres combattent, ou croyent combattre pour leur Dieu. Ces derniers doivent toujours, à la fin, l'emporter, tant qu'il sera permis au sacerdoce d'empoisonner l'esprit des peuples, de fanatisme & de préjugés. C'est en éclairant les sujets, qu'on les empêchera de se livrer au fanatisme; c'eſt en les affranchiſſant peu-à-peu du joug de la ſuperſtition, qu'on diminuera le pouvoir ſacerdotal, qui ſera toujours ſans bornes, & plus fort que celui des Rois, dans un pays ignorant & couvert de ténébres.

Mais la plûpart des Souverains craignent qu'on n'éclaire les hommes; complices du ſacerdoce, ils ſe liguent avec lui, pour étouffer la raiſon, & pour perſécuter tous ceux qui ont le courage de l'annoncer. Aveugles ſur leurs propres intérêts, & ſur ceux de leurs nations, ils ne cherchent à commander qu'à des eſclaves, que les prêtres rendront déraiſonnables à volonté. Auſſi voyons-nous une honteuſe ignorance, un découragement total régner dans les pays où le chriſtianiſme domine de la façon la plus abſolue: les Souverains, ligués avec leurs prêtres, ſemblent y conjurer la ruine de la ſcience, des arts, de l'induſtrie, qui ne peuvent être que les enfans de la liberté de penser. Parmi les nations Chrétiennes, les moins superstitieuses sont les plus libres, les plus puissantes, les plus heureuses. Dans les pays, où le despotisme spirituel est d'intelligence avec le despotisme temporel, les peuples croupissent dans l'inaction, dans la paresse, dans l'engourdissement. Les peuples de l'Europe, qui se vantent de posséder la foi la plus pure, ne sont pas assurément les plus florissans & les plus puissans; les Souverains, esclaves eux-mêmes de la religion, ne commandent qu'à d'autres esclaves, qui n'ont point assez d'énergie & de courage pour s'enrichir eux-mêmes, & pour travailler au bonheur de l'Etat. Dans ces sortes de contrées, le prêtre seul est opulent, le reste languit dans la plus profonde indigence. Mais qu'importent la puissance & le bonheur des nations, à une religion qui veut que ses sectateurs ne s'occupent point de leur bonheur en ce monde, qui regarde les richeſſes comme nuiſibles, qui prêche un Dieu pauvre, qui recommande l'abjection d'ame & la mortification des ſens? C'eſt, ſans doute, pour obliger les peuples à pratiquer ces maximes, que le ſacerdoce, dans pluſieurs Etats Chrétiens, s'eſt emparé de la plus grande partie des richeſſes, & vit daus la ſplendeur, tandis que le reſte des citoyens fait ſon ſalut dans la miſére *.

* Pour peu qu'on veuille calculer, on verra qu'en Italie, en Eſpagne, en Portugal, en Allemagne, les revenus eccléſiaſtiques doivent excéder, non ſeulement ceux des Souverains, mais encore ceux du reſte des citoyens. On prétend que l'Eſpagne ſeule renferme plus de cinq cens mille prêtres, qui jouiſſent de revenus immenſes.

Aſſurément, le Roi d'Eſpagne n'a pas le ſixiéme de ces revenus pour défendre l'Etat. Si les moines & les prêtres ſont néceſſaires à un pays, il faut convenir que le ciel lui fait payer bien chérement des prieres. L'expulſion des Maures a ruiné l'Eſpagne; il n'y a que l'extinc-

Tels sont les avantages que la religion Chrétienne procure aux sociétés politiques ; elle forme un Etat indépendant dans l'Etat ; elle rend les peuples esclaves ; elle favorise la tyrannie des Souverains, quand ils sont complaisans pour elle ; elle rend leurs sujets rebelles & fanatiques, quand ces Souverains manquent de complaisance. Quand elle s'accorde avec la politique, elle écrase, elle avilit, elle appauvrit les nations, & les prive de science & d'industrie ; quand elle se sépare d'elle, elle rend les citoyens insociables, turbulens, intolérans & rebelles.

Si nous examinons en détail les pré-

---

tion des moines qui puisse la rétablir. Mais cette opération demande beaucoup d'adresse ; un Roi, qui la tenteroit trop brusquement, seroit à coup sûr détrôné, par des peuples qui ne sentiroient point le bien qu'il voudroit leur faire. Il faut, avant toutes choses, que l'Espagne soit instruite, & que le peuple soit content de son maître.

ceptès de cette religion, & les maximes qui découlent de ses principes, nous verrons qu'elle interdit tout ce qui peut rendre un Etat florissant. Nous avons déja vu les idées d'imperfection, que le christianisme attache au mariage, & l'estime qu'il fait du célibat : ces idées ne sont point faites pour favoriser la population, qui est, sans contredit, la premiere source de puissance pour un Etat.

Le commerce n'est pas moins contraire aux vues d'une religion, dont le fondateur prononce l'anathême contre les riches, & les exclut du royaume des cieux. Toute industrie est également interdite à des Chrétiens parfaits, qui mènent une vie provisoire sur la terre, & qui ne doivent jamais s'occuper du lendemain *.

* S. Jean Chrysostome dit, qu'*un marchand ne peut jamais plaire à son Dieu*, *qu'un Chrétien ne peut être marchand*, *& qu'il faut le chasser de l'Eglise*. Il se fonde sur un passage du pseaume 70.

Ne faut-il pas qu'un Chrétien soit aussi téméraire qu'inconséquent, lorsqu'il consent à servir dans les armées? Un homme, qui n'est jamais en droit de présumer qu'il soit agréable à son Dieu, ou *en état de grace*, n'est-il pas un extravagant de s'exposer à la damnation éternelle? Un Chrétien, qui a de la charité pour son prochain, & qui doit aimer ses ennemis, ne devient-il pas coupable du plus grand des crimes, lorsqu'il donne la mort à un homme, dont il ignore les dispositions, & qu'il peut tout d'un coup précipiter dans l'enfer *. Un soldat est un monstre dans le christianisme, à moins qu'il ne combatte pour la cause de Dieu. S'il meurt alors, il devient un martyr.

---

*Je n'ai point connu le négoce.* Si ce principe est vrai, toute la rue S. Honoré est damnée.

* Lactance dit qu'*un Chrétien ne peut être, ni soldat, ni accusateur*. Voyez *tom. I. p. 137.* Les Quakers & les Mennonites ne portent point les armes; ils sont plus conséquens que les autres Chrétiens.

Le christianisme déclara toujours la guerre aux sciences & aux connoissances humaines; elles furent regardées comme un obstacle au salut; *la science enfle*, dit un Apôtre. Il ne faut, ni raison, ni étude, à des hommes qui doivent soumettre leur raison au joug de la foi. De l'aveu des Chrétiens, les fondateurs de leur religion furent des hommes grossiers & ignorans, il faut que leurs disciples ne soient pas plus éclairés qu'eux, pour admettre les fables & les rêveries que ces ignorans révérés leur ont transmises. On a toujours remarqué, que les hommes les plus éclairés ne sont communément que de mauvais Chrétiens. Indépendamment de la foi, que la science peut ébranler, elle détourne le Chrétien de *l'œuvre du salut*, qui est la seule véritablement nécessaire. Si la science est utile à la société politique, l'ignorance est bien plus utile à la religion & à ses ministres. Les siécles, dépourvus de ſcience & d'induſtrie, furent des *ſiécles d'or* pour l'Egliſe de Jéſus-Chriſt. Ce fut alors que les Rois lui furent les plus ſoumis; ce fut alors que ſes miniſtres attirerent dans leurs mains toutes les richeſſes de la ſociété. Les prêtres d'une ſecte très-nombreuſe veulent que les hommes, qui leur ſont ſoumis, ignorent même les livres ſaints, qui contiennent les régles qu'ils doivent ſuivre. Leur conduite eſt ſans doute très-ſage; la lecture de la bible eſt la plus propre de toutes à déſabuſer un Chrétien de ſon reſpect pour la bible *.

---

* Le Pape S. Grégoire fit détruire, de ſon tems, un grand nombre de livres des payens. Dès le commencement du chriſtianiſme, nous voyons que S. Paul ſe fit apporter des livres, pour les faire brûler; méthode qui s'eſt toujours depuis pratiquée dans l'Egliſe. Les fondateurs du chriſtianiſme auroient dû défendre, ſous peine de damnation, de jamais apprendre à lire. L'Egliſe Romaine a fait très-ſagement

En un mot, en suivant à la rigueur les maximes du christianisme, nulle

---

d'ôter les livres saints des mains du vulgaire. Dès qu'on eut commencé à les lire, dans le seiziéme siécle, tout se remplit d'hérésies & de révoltes contre les prêtres. L'heureux tems pour l'Eglise, où les moines seuls savoient lire & écrire, & où ils se faisoient des titres de possession. Si l'on doutoit de la haine ou du mépris des Peres de l'Eglise, pour les sciences, on en trouvera les preuves dans les passages suivans. S. Jérôme dit : *Geometria, arithmetica, musica, habent in suâ scientiâ veritatem, sed non ex scientiâ illâ, scientia pietatis. Scientia pietatis est noscere scripturas, & intelligere prophetas, evangelia credere, prophetas non ignorare.* Vide *Hier. Ep. ad Titum.* S. Ambroise dit : *Quid tam absurdum quàm de astronomiâ & geometriâ tractare, & profunda aëris spatia metiri, relinquere causas salutis, errores quærere.* Vide *S. Ambr. de Officiis, l. I.* S. Augustin dit : *Astrologia & geometria, & alia ejusmodi, ideò despecta sunt a nostris, quia nihil ad salutem pertinent.* Vide *S. August. de ordinis disciplinâ.* La géométrie, pour la justesse qu'elle donne à l'esprit, devroit être défendue dans tout Etat Chrétien.

société politique ne pourroit subsister. Si l'on doutoit de cette assertion, que l'on écoute ce que disent les premiers docteurs de l'Eglise, on vetra que leur morale est totalement incompatible avec la conservation & la puissance d'un Etat. On verra que, selon Lactance, nul homme ne peut être soldat; que, selon S. Justin, nul homme ne doit se marier; que, selon Tertullien, nul homme ne peut être magistrat; que, selon S. Chrysostome, nul homme ne doit faire le commerce; que, suivant un très-grand nombre, nul homme ne doit étudier. Enfin, en joignant ces maximes à celles du Sauveur du monde, il en résultera qu'un Chrétien, qui, comme il le doit, tend à sa perfection, est le membre le plus inutile à son pays, à sa famille, à tous ceux qui l'entourent; c'est un contemplateur oisif, qui ne pense qu'à l'autre vie, qui n'a rien de commun avec les intérêts de ce monde, & qui n'a rien de plus pressé que d'en ſortir promptement *.

Ecoutons Euſébe de Céſarée, & voyons ſi le Chrétien n'eſt pas un vrai fanatique, dont la ſociété ne peut tirer aucun fruit. » Le genre de vie, dit-il, de l'Egliſe Chrétienne ſurpaſſe notre nature préſente & la vie commune des hommes; on n'y cherche, ni nôces, ni enfans, ni richeſſes; enfin elle eſt totalement étrangere à la façon humaine de vivre; elle ne s'attache qu'au culte divin; elle n'eſt livrée qu'à un amour immenſe des choſes céleſtes. Ceux qui la ſuivent ainſi, preſque détachés de la vie mortelle, & n'ayant que leurs corps ſur la terre, ſont tout en eſprit dans le ciel, & l'habitent déja comme des intelligences pures & céleſtes; elles mépriſent la vie des autres hommes**».

---

* Tertullien dit : *Nil noſtra refert in hoc ævo, niſi de eo celeriter recedere.* Lactance fait voir, que l'idée de la fin prochaine du monde fut une des principales cauſes de la propagation du chriſtianiſme.

** Voyez *Euſébe*, *Démonſt. évang. t. II. p. 29.*

Un homme, fortement persuadé des vérités du christianisme, ne peut, en effet, s'attacher à rien ici bas; tout est pour lui une occasion de chûte; tout au moins le détourneroit de penser à son salut. Si les Chrétiens, par bonheur, n'étoient inconséquens, & ne s'écartoient sans cesse de leurs spéculations sublimes, ne renonçoient à leur perfection fanatique, nulle société Chrétienne ne pourroit subsister, & les nations, éclairées par l'evangile, rentreroient dans l'état sauvage. On ne verroit que des êtres farouches, pour qui le lien social seroit entierement brisé, qui ne feroient que prier & gémir dans cette vallée de larmes, & qui s'occuperoient de se rendre eux-mêmes, & les autres, malheureux, afin de mériter le ciel.

Enfin, une religion, dont les maximes tendent à rendre les hommes intolérans, les Souverains persécuteurs, les sujets, ou esclaves, ou rebelles; une religion, dont les dogmes obſcurs ſont des ſujets éternels de diſputes ; une religion, dont les principes découragent les hommes, & les détournent de ſonger à leurs vrais intérêts ; une telle religion, dis-je, eſt deſtructive pour toute ſociété.

---

## CHAPITRE XV.

### *De l'Egliſe, ou du Sacerdoce des Chrétiens.*

Il y eut de tout tems des hommes qui ſurent mettre à profit les erreurs de la terre. Les prêtres de toutes les religions ont trouvé le moyen de fonder leur propre pouvoir, leurs richeſſes & leurs grandeurs, ſur les craintes du vulgaire; mais nulle religion n'eut autant de raiſons que le chriſtianiſme, pour aſſervir les peuples au ſacerdoce. Les premiers prédicateurs de l'evangile, les Apôtres, les premiers prêtres des Chrétiens, leur ſont repréſentés comme

comme des hommes tout divins, inſpirés par l'eſprit de Dieu, partageant ſa toute-puiſſance. Si chacun de leurs ſucceſſeurs ne jouit pas des mêmes prérogatives, dans l'opinion de quelques Chrétiens, le corps de leurs prêtres, ou l'Egliſe eſt continuellement illuminée par l'Eſprit ſaint, qui ne l'abandonne jamais; elle jouit collectivement de l'infaillibilité, & par conſéquent ſes déciſions deviennent auſſi ſacrées que celles de la Divinité même, ou ne ſont qu'une révélation perpétuée.

D'après ces notions ſi grandes, que le chriſtianiſme nous donne du ſacerdoce, il doit, en vertu des droits qu'il tient de Jéſus-Chriſt lui-même, commander aux nations, ne trouver aucun obſtacle à ſes volontés, faire plier les Rois mêmes ſous ſon autorité. Ne ſoyons donc point ſurpris du pouvoir immenſe que les prêtres Chrétiens ont ſi longtems exercé dans le monde; il dut être illimité, puiſqu'il ſe fondoit ſur l'autorité du Tout-puiſſant ; il dut être deſpotique, parce que les hommes ne ſont point en droit de reſtreindre le pouvoir divin ; il dut dégénérer en abus, parce que les prêtres, qui l'exercerent, furent des hommes enivrés & corrompus par l'impunité.

Dans l'origine du chriſtianiſme, les Apôtres, en vertu de la miſſion de J. C. prêcherent l'évangile aux Juifs & aux Gentils ; la nouveauté de leur doctrine leur attira, comme on a vu, des proſélites dans le peuple ; les nouveaux Chrétiens, remplis de ferveur pour leurs nouvelles opinions, formerent dans chaque ville des congrégations particulieres, qui furent gouvernées par des hommes établis par les Apôtres; ceux-ci ayant reçu la foi de la premiere main, conſerverent toujours l'inſpection ſur les différentes ſociétés Chrétiennes qu'ils avoient formées. Telle paroît être l'origine des *Evêques*, ou *Inſpecteurs*, qui, dans l'Egliſe, ſe ſont perpetués jusqu'à nous; origine dont se glorifient les Princes des prêtres du christianisme moderne *. Dans cette secte naissante, on sait que les associés mirent leurs biens en commun; il paroît que ce fut un devoir qui s'exigeoit avec rigueur; puisque, sur l'ordre de S. Pierre, deux des nouveaux Chrétiens furent frappés de mort, pour avoir retenu quelque chose de leur propre bien. Les fonds résultans de cette communauté étoient à la disposition des Apôtres, & après eux, des *Inspecteurs*, ou *Evêques*, ou *prêtres*, qui les remplacerent; & comme il faut que le prêtre

* S. Jérôme désapprouve hautement la distinction des évêques & des prêtres, ou curés. Il prétend, que *prêtre* & *évêque*, suivant S. Paul, sont la même chose, *avant*, dit-il, *que*, *par l'instigation de satan, il y eût des distinctions dans la religion*. Aujourd'hui, les évêques, qui ne sont bons à-rien, jouissent de gros revenus; & un grand nombre de curés, qui travaillent, meurent de faim.

*vive de l'autel*, on peut croire que ces Evêques se payerent, par leurs propres mains, de leurs instructions, & furent à portée de puiser dans le trésor public. Ceux qui tenterent de nouvelles conquêtes spirituelles, furent obligés, sans doute, de se contenter des contributions volontaires de ceux qu'ils convertissoient. Quoi qu'il en soit, les trésors, amassés par la crédule piété des fidéles, devinrent l'objet de la cupidité des prêtres, & mirent la discorde entr'eux; chacun d'eux voulut gouverner, & disposer des deniers de la communauté : de-là des brigues, des factions, que nous voyons commencer avec l'Eglise de Dieu *. Les prêtres furent toujours ceux qui revinrent les premiers de la ferveur religieuse ; l'ambition & l'avarice dûrent bientôt les détromper des maxi-

* Il y avoit souvent du sang répandu aux élections des évêques. Prétextat disoit : *Qu'on me fasse évêque de Rome, & je me fais Chrétien.*

mes désintéressées qu'ils enseignoient aux autres.

Tant que le christianisme demeura dans l'abjection, & fut persécuté, ses Evêques & ses prêtres, en discorde, combattirent sourdement, & leurs querelles n'éclaterent point au-dehors; mais lorsque Constantin voulut se fortifier des secours d'un parti devenu très-nombreux, & à qui son obscurité avoit permis de s'étendre, tout changea de face dans l'Eglise; les chefs des Chrétiens, séduits par l'autorité, & devenus courtisans, se combattirent ouvertement: ils engagerent les Souverains dans leurs querelles; ils persécuterent leurs rivaux, & peu-à-peu comblés d'honneurs & de richesses, on ne reconnut plus en eux les successeurs de ces pauvres Apôtres, ou *messagers*, que Jésus avoit envoyés pour prêcher sa doctrine; ils devinrent des princes, qui, soutenus par les armes de l'opinion, furent en état de faire la loi aux Souverains eux-mêmes, & de mettre le monde en combuſtion.

Le pontificat, par une imprudence fâcheuſe, avoit été, ſous Conſtantin, ſéparé de l'Empire; les Empereurs eurent bientôt lieu de s'en repentir. En effet, l'Evêque de Rome, de cette ville jadis maîtreſſe du monde, dont le ſeul nom étoit encore impoſant pour les nations, ſut profiter habilement des troubles de l'Empire, des invaſions des barbares, de la foibleſſe des Empereurs, trop éloignés pour veiller ſur leur conduite. Ainſi, à force de menées & d'intrigues, le Pontife Romain parvint à s'aſſeoir ſur le trône des Céſars. Ce fut pour lui que les Emile & les Scipions avoient combattu; il fut regardé, dans l'occident, comme le Monarque de l'Egliſe, comme l'Evêque univerſel, comme le Vicaire de J. C. ſur la terre, enfin, comme l'organe infaillible de la Divinité *.

* On ſait que la prééminence des Papes,

Si ces titres hautains furent rejettés dans l'orient, le Pontife des Romains régna sans concurrent sur la plus grande partie du monde Chrétien; il fut un Dieu sur terre; par l'imbécillité des Souverains, il devint l'arbitre de leurs destinées; il fonda une *théocratie*, ou un gouvernement divin, dont il fut le chef, & les Rois furent ses lieute-

---

toujours contestée par les Patriarches d'Aléxandrie, de Constantinople & de Jérusalem, est fondée sur une équivoque qui se trouve dans le nouveau testament. Le Pape se prétend successeur de S. Pierre, à qui Jésus dit : *Tu es Pierre, & sur cette pierre je fonderai mon Eglise.* Mais les meilleurs critiques nient que S. Pierre ait jamais été à Rome. A l'égard de l'infaillibilité du Pape, quoique plusieurs Chrétiens aient assez de force d'esprit pour la nier, en recueillant les voix, on verra que c'est une vérité incontestable dans l'esprit des Espagnols, des Italiens, des Portugais, des Allemands, des Flamands, & même de la plûpart des François. Bellarmin assure que le Pape est en droit de faire des injustices. *Jure potest contrà jus decernere.*

nans. Il les détrôna, il souleva les peuples contre eux, quand ils eurent l'audace de lui résister : en un mot, ses armes spirituelles, pendant une longue suite de siécles, furent plus fortes que les temporelles; il fut en possession de distribuer des couronnes; il fut toujours obéi par les nations abruties; il divisa les Princes, afin de régner sur eux, & son empire dureroit encore aujourd'hui, si le progrès des lumieres, dont les Souverains paroissent pourtant si ennemis, ne les avoit peu-à-peu affranchis, ou si ces Souverains, inconséquens aux principes de leur religion, n'avoient pas plutôt écouté l'ambition, que leur devoir *.

* C'est l'ambition, & le desir d'usurper les possessions des autres, qui donnerent aux Papes un si grand ascendant en Europe. Les Souverains, au lieu de se réunir contre lui, comme ils auroient dû le faire, ne cherchoient qu'à l'attirer dans leur parti, & à tirer de lui des titres, pour s'emparer des biens qui excitoient leurs desirs.

En effet, si les ministres de l'Eglise ont reçu leur pouvoir de Jésus-Christ lui-même, c'est se révolter contre lui, que de résister à ses représentans. Les Rois, comme les sujets, ne peuvent sans crime se soustraire à l'autorité de Dieu : l'autorité spirituelle venant du Monarque céleste, doit l'emporter sur la temporelle, qui vient des hommes ; un Prince vraiment Chrétien doit être le serviteur de l'Eglise, ou le premier esclave des prêtres.

Ne soyons donc point étonnés, si, dans les siécles d'ignorance, les prêtres furent plus forts que les Rois, & furent toujours préférablement obéis par les peuples, plus attachés aux intérêts du ciel qu'à ceux de la terre *. Chez

* Il est évident, que dans les tems d'ignorance, les Chrétiens faisoient plus de cas de leurs prêtres que de leurs Rois. En Angleterre, sous le gouvernement des Saxons, l'amende que l'on payoit, ou que la loi fixoit, pour le meurtre de l'Archevêque de Cantor-

des nations superstitieuses, la voix du Très-Haut & de ses interprêtes doit être bien plus écoutée que celle du devoir, de la justice & de la raison. Un bon Chrétien, soumis à l'Eglise, doit être aveugle & déraisonnable, toutes les fois que l'Eglise l'ordonne; qui a droit de nous rendre absurdes, a le droit de nous commander des crimes.

D'un autre côté, des hommes, dont le pouvoir sur la terre vient de Dieu même, ne peuvent dépendre d'aucun pouvoir: ainsi, l'indépendance du sacerdoce des Chrétiens est fondée sur les principes de leur religion: aussi sut-il toujours s'en prévaloir. Il ne faut donc point s'étonner, si les prêtres du christianisme, enrichis & dotés par la générosité des Rois & des peuples, méconnurent la vraie source de leur opulence & de leurs priviléges. Les hommes peuvent ôter ce que les

béry, étoit plus forte que celle que l'on devoit payer pour la vie du Monarque.

hommes ont donné par ſurpriſe, ou par imprudence; les nations, détrompées de leurs préjugés, pourroient un jour réclamer contre des donations extorquées par la crainte, ou ſurpriſes par l'impoſture. Les prêtres ſentirent tous ces inconvéniens; ils prétendirent donc qu'ils ne tenoient que de Dieu ſeul ce que les hommes leur avoient accordé, & par un miracle ſurprenant, on les en crut ſur leur parole *.

---

* Les droits divins des prêtres, ou les immunités eccléſiaſtiques, datent de très-loin. Iſis, qui étoit une déeſſe, donna aux prêtres d'Egypte un tiers de ſon royaume, pour les engager à rendre les honneurs divins à Oſiris ſon époux, après ſa mort. Voyez *Diod. de Sicile, liv. II. ch. 1*. Les prêtres Egyptiens ont toujours au moins joui des dixmes, & furent exempts de toutes les charges publiques. Moïſe, qui étoit un Egyptien, & de la tribu de Lévi, ainſi que le Dieu des Juifs, ne paroiſſent occupés que du ſoin de faire ſubſiſter les prêtres, à l'aide des ſacrifices & des dixmes qu'ils leur aſſignent. Les prêtres

Ainsi, les intérêts du sacerdoce furent séparés de ceux de la société; des hommes, voués à Dieu, & choisis pour être ses ministres, ne furent plus des citoyens; ils ne furent point confondus avec des sujets prophanes; les loix & les tribunaux civils n'eurent plus aucun pouvoir sur eux; ils ne furent jugés que par des hommes de leur propre corps. Par-là, les plus grands excès demeurerent souvent impunis; leur personne, soumise à Dieu seul, fut

---

Chrétiens ont indubitablement succédé aux droits des prêtres Juifs; d'où l'on voit que ce seroit un grand péché, que de ne point payer les dixmes à l'Eglise, & que ce seroit un grand crime, que de vouloir les soumettre aux impositions ordinaires. *Dans la Genèse*, *ch.* 47. *v.* 26. nous trouvons, *que la terre des prêtres ne payoit rien au Roi.* Selon *le Lévitique*, *ch.* 27. *v.* 21. 18. *les biens des prêtres ne pouvoient point se racheter.* Les prêtres des Chrétiens, comme l'on voit, s'en sont tenus à la loi judaïque, relativement à leurs biens.

inviolable & sacrée *. Les Souverains furent obligés de défendre leurs possessions, & de les protéger, sans qu'ils contribuassent aux charges publiques, ou du moins ils n'y contribuerent qu'autant qu'il convint à leurs intérêts; en un mot, ces hommes révérés furent impunément nuisibles & méchans, & ne vécurent dans les sociétés, que pour les dévorer, sous prétexte de les repaître d'instructions, & de prier pour elles.

---

* La cause des démêlés de Henri II, Roi d'Angleterre, avec le saint Archevêque de Cantorbéry (Thomas Becket) fut que le Monarque voulut punir des ecclésiastiques, pour des assassinats & des crimes par eux commis. En dernier lieu, le Roi de Portugal a été obligé de solliciter vainement la permission de faire juger des Jésuites, accusés d'avoir trempé dans le crime de lèze-majesté, commis sur sa personne. L'Eglise ne souffre pas volontiers que l'on punisse ses ministres, c'est pour lors qu'elle *abhorre le sang*; elle n'est pas si difficile, quand il s'agit de faire répandre celui des autres.

En effet, depuis dix-huit ſiécles, quel fruit les nations ont-elles retiré de leurs inſtructions? Ces hommes infaillibles ont-ils pu convenir entre eux ſur les points les plus eſſentiels d'une religion révélée par la Divinité? Quelle étrange révélation, que celle qui a beſoin de commentaires & d'interprêtations continuels? Que penſer de ces divines écritures, que chaque ſecte entend ſi diverſement? Les peuples, nourris ſans ceſſe de l'inſtruction de tant de paſteurs; les peuples, éclairés des lumieres de l'évangile, ne ſont, ni plus vertueux, ni plus inſtruits ſur l'affaire la plus importante pour eux. On leur dit de ſe ſoumettre à l'Egliſe, & l'Egliſe n'eſt jamais d'accord avec elle-même; elle s'occupe, dans tous les ſiécles, à réformer, à expliquer, à détruire, à rétablir ſa céleſte doctrine; ſes miniſtres créent au beſoin de nouveaux dogmes, inconnus aux fondateurs de l'Egliſe. Chaque âge voit naître de nouveaux myſtères, de nouvelles formules, de nouveaux articles de foi. Malgré les inſpirations de l'eſprit ſaint, le chriſtianiſme n'a jamais pu atteindre la clarté, la ſimplicité, la conſiſtence, qui ſont les preuves indubitables d'un bon ſyſtème. Ni les *conciles*, ni les *canons*, ni cette foule de *décrets* & de loix, qui forment le code de l'Egliſe, n'ont pu juſqu'ici fixer les objets de la croyance de l'Egliſe.

Si un payen ſenſé vouloit embraſſer le chriſtianiſme, il ſeroit, dès les premiers pas, jetté dans la plus grande perpléxité, à la vue des ſectes multipliées, dont chacune prétend conduire le plus ſûrement au ſalut, & ſe conformer le plus exactement à la parole de Dieu. Pour laquelle de ces ſectes oſera-t-il ſe déterminer, voyant qu'elles ſe regardent avec horreur, & que pluſieurs d'entr'elles damnent impitoyablement toutes les autres; qu'au lieu de ſe tolérer, elles ſe tourmentent &

se persécutent ; & que celles, qui en ont le pouvoir, font sentir à leurs rivales les cruautés les plus étudiées, & les fureurs les plus contraires au repos des sociétés ? Car, ne nous y trompons point, le christianisme, peu content de violenter les hommes, pour les soumettre extérieurement à son culte, a inventé l'art de tyranniser la pensée, & de tourmenter les consciences ; art inconnu à toutes les superstitions payennes. Le zèle des ministres de l'Eglise ne se borne point à l'extérieur, ils fouillent jusque dans les replis du cœur ; ils violent insolemment son sanctuaire impénétrable ; ils justifient leurs sacriléges & leurs ingénieuses cruautés, par le grand intérêt qu'ils prennent au salut des ames.

Tels sont les effets qui résultent nécessairement des principes d'une religion, qui croit que l'erreur est un crime digne de la colere de son Dieu. C'est en conséquence de ces idées, que les

les prêtres, du consentement des Souverains, sont chargés, dans certains pays, de maintenir la foi dans sa pureté. Juges dans leur propre cause, ils condamnent aux flammes ceux dont les opinions leur paroissent dangereuses *; entourés de délateurs, ils épient

---

* Les tribunaux civils, quand ils sont justes, ont pour maxime de chercher tout ce qui peut tendre à la défense de l'accusé, le tribunal de l'inquisition prend exactement le contrepied. Jamais on ne dit à l'accusé la cause de sa détention, jamais on ne lui confronte les témoins; s'il ignore son crime, il faut pourtant qu'il l'avoue. Voilà les maximes des prêtres Chrétiens. Il est vrai que l'inquisition ne condamne personne à mourir; des prêtres ne peuvent verser du sang par eux-mêmes, cette fonction est réservée au *bras séculier*, & ces fourbes font mine d'intercéder pour le coupable, bien sûrs de n'être point écoutés. Que dis-je? ils feroient, sans doute, un beau bruit, si le magistrat alloit les prendre au mot. Conduite bien digne de ces hommes, en qui l'intérêt étouffe l'humanité, la sincérité, la pudeur.

les actions & les discours des citoyens, & sacrifient à leur sûreté tous ceux qui leur font ombrage. C'est sur ces maximes abominables, que l'*Inquisition* est fondée; elle veut trouver des coupables, c'est l'être déja, que de lui avoir donné des soupçons.

Voilà les principes d'un tribunal sanguinaire, qui perpétue l'ignorance & l'engourdissement des peuples par-tout où la fausse politique des Rois lui permet d'exercer ses fureurs. Dans des pays, qui se croyent plus éclairés & plus libres, nous voyons des Evêques, qui n'ont point honte de faire signer des *formules* & des *professions de foi* à ceux qui dépendent d'eux; ils leur font des questions captieuses. Que dis-je? les femmes même ne sont point exemptes de leurs recherches; un prélat veut savoir leur sentiment sur des subtilités inintelligibles pour ceux mêmes qui les ont inventées.

Les disputes, entre les prêtres du

christianisme, firent naître des animosités, des haines, des hérésies. Nous en voyons, dès la naissance de l'Eglise. Un système, fondé sur des merveilles, des fables, des oracles obscurs, doit être une source féconde de querelles. Au lieu de s'occuper de connoissances utiles, les théologiens ne s'occuperent jamais que de leurs dogmes; au lieu d'étudier la vraie morale, & de faire connoître aux peuples leurs vrais devoirs, ils chercherent à faire des adhérens. Les prêtres du christianisme amuserent leur oisiveté par les spéculations inutiles d'une science barbare & énigmatique, qui, sous le nom de science de Dieu, ou de *Theologie*, s'attira les respects du vulgaire. Ce système, d'une ignorance présomptueuse, opiniâtre & raisonnée, semblable au Dieu des Chrétiens, fut incompréhensible comme lui. Ainsi, les disputes nâquirent des disputes. Souvent des génies profonds, & dignes d'être regrettés, s'occuperent paiſiblement de ſubtilités puériles, de queſtions oiſeuſes, d'opinions arbitraires, qui, loin d'être utiles à la ſociété, ne firent que la troubler. Les peuples entrerent dans des querelles qu'ils n'entendirent jamais; les princes prirent la défenſe de ceux des prêtres qu'ils voulurent favoriſer; ils déciderent à coups d'épée l'orthodoxie; & le parti qu'ils choiſirent, accabla tous les autres; car les Souverains ſe croyent toujours obligés de ſe mêler des diſputes théologiques; ils ne voyent pas, qu'en s'en mêlant, ils leur donnent de l'importance & du poids, & toujours les prêtres Chrétiens appellerent des ſecours humains, pour ſoutenir des opinions, dont pourtant ils croyoient que Dieu leur avoit garanti la durée. Les héros, que nous trouvons dans les annales de l'Egliſe, ne nous montrent que des fanatiques opiniâtres, qui furent les victimes de leurs folles idées; ou des perſécuteurs furieux, qui traiterent leurs adverſaires avec la plus grande inhumanité ; ou des factieux, qui troublerent les nations. Le monde, du tems de nos peres, s'eſt dépeuplé, pour défendre des extravagances qui font rire une poſtérité, qui n'eſt pas moins inſenſée qu'eux.

Preſque dans tous les ſiécles, on ſe plaignit hautement des abus de l'Egliſe ; on parla de les réformer. Malgré cette prétendue réforme, *dans le chef & dans les membres de l'Egliſe*, elle fut toujours corrompue. Les prêtres avides, turbulens, ſéditieux, firent gémir les nations ſous le poids de leurs vices, & les Princes furent trop foibles pour les ramener à la raiſon. Ce ne fut que les diviſions & les querelles de ces tyrans, qui diminuerent la peſanteur de leur joug, pour les peuples & pour les Souverains. L'empire du Pontife Romain, après avoir duré un grand nombre de ſiécles, fut enfin ébranlé par des enthouſiaſtes irrités, par des ſujets rebelles, qui oſerent examiner les droits de ce deſpote redoutable : pluſieurs Princes, fatigués de leur eſclavage & de leur pauvreté, embraſſerent des opinions qui les mirent à portée de s'emparer des dépouilles du Clergé. Ainſi, l'unité de l'Egliſe fut déchirée, les ſectes ſe multiplierent, & chacune combattit pour défendre ſon ſyſtème.

Les fondateurs de cette nouvelle ſecte, que le Pontife de Rome traite de *novateurs*, d'*hérétiques*, & d'impies, renoncerent, à la vérité, à quelques-unes de leurs anciennes opinions; mais contens d'avoir fait quelques pas vers la raiſon, ils n'oſerent jamais ſecouer entierement le joug de la ſuperſtition; ils continuerent à reſpecter les livres ſaints des Chrétiens; ils les regarderent comme les ſeuls guides des fidéles; ils prétendirent y trouver les principes de leurs opinions; enfin, ils mirent ces livres obſcurs, où chacun peut trouver aisément tout ce qu'il veut, & où la Divinité parle souvent un langage contradictoire, entre les mains de leurs sectateurs, qui, bientôt égarés dans ce labyrinthe tortueux, firent éclorre de nouvelles sectes.

Ainsi, les chefs des sectes, les prétendus réformateurs de l'Eglise, ne firent qu'entrevoir la vérité, ou ne s'attacherent qu'à des minuties; ils continuerent à respecter les oracles sacrés des Chrétiens, à reconnoître leur Dieu cruel & bizarre; ils admirent sa mythologie extravagante, ses dogmes opposés à la raison; enfin, ils adopterent des mystères les plus incompréhensibles, en se rendant pourtant difficiles sur quelques autres *. Ne soyons donc point surpris, si, malgré les réformes,

* De quel droit les Protestans, qui admettent la Trinité, l'Incarnation, le Baptême, &c. rejettent-ils le mystère de la Transubstantiation? Quand on fait tant que d'admettre une absurdité, pourquoi s'arrêter en chemin?

le fanatifme, les difputes, les perfécutions & les guerres fe firent fentir dans toute l'Europe; les rêveries des novateurs ne firent que la plonger dans de nouvelles infortunes; le fang coula de toutes parts, & les peuples ne furent, ni plus raifonnables, ni plus heureux. Les prêtres de toutes les fectes voulurent toujours dominer, & faire regarder leurs décifions comme infaillibles & facrées: toujours ils perfécuterent, quand ils en eurent le pouvoir; toujours les nations fe prêterent à leurs fureurs; toujours les Etats furent ébranlés par leurs fatales opinions. L'intolérance & l'efprit de perfécution font de l'effence de toute fecte qui aura le chriftianifme pour bafe; un Dieu cruel, partial, qui s'irrite des opinions des hommes, ne peut s'accommoder d'une religion douce & humaine *. Enfin,

* Calvin fit brûler Servet à Genéve. Quoique les prêtres Proteftans laiffent à leurs fectateurs le droit d'examiner, ils les puniffent, quand

dans toute ſecte Chrétienne, le prêtre exercera toujours un pouvoir qui peut devenir funeſte à l'Etat; il y formera des enthouſiaſtes, des hommes myſtiques, des fanatiques, qui exciteront des troubles, toutes les fois qu'on leur fera entendre que la *cauſe de Dieu* le demande, que l'*Egliſe eſt en danger*, qu'il s'agit de combattre pour la *gloire* du Très-haut.

Auſſi voyons-nous, dans les pays

---

le fruit de leur examen n'eſt pas le même que le leur. Les Egliſes Proteſtantes ne ſe vantent pas d'être infaillibles; mais elles veulent qu'on ſuive leurs déciſions, comme ſi elles l'étoient. C'eſt pour des querelles de religion, & faute de tolérance, que Charles premier fut forcé de perdre la tête. Quoique les nations Proteſtantes ſe vantent d'être tolérantes, la différence de religion y met une grande différence entre les citoyens: le Calviniſte, le Luthérien, l'Anglican, haïſſent le Papiſte, & le mépriſent, de même que celui-ci les damne. Par-tout, la ſecte dominante fait cruellement ſentir ſa ſupériorité aux autres.

Chrétiens, la puissance temporelle servilement soumise au sacerdoce, occupée à exécuter ses volontés, à exterminer ses ennemis, à travailler à sa grandeur, à maintenir ses droits, ses richesses, ses immunités. Dans presque toutes les nations soumises à l'évangile, les hommes les plus oisifs, les plus séditieux, les plus inutiles & les plus dangereux, sont les plus honorés & les mieux récompensés. La superstition du peuple lui fait croire qu'il n'en fait jamais assez pour les ministres de son Dieu. Ces sentimens sont les mêmes dans toutes les sectes *. Par-tout les prêtres en imposent aux Souverains, forcent la politique de plier sous la religion, & s'opposent aux institutions les plus avantageuses à l'Etat. Par-tout ils sont les instituteurs de la jeunesse, qu'ils rem-

* J'en excepte pourtant les *Quakers*, ou *Trembleurs*, qui ont le bon esprit de ne vouloir point de prêtres dans leur secte.

plissent, dès l'enfance, de leurs tristes préjugés.

Cependant, c'est sur-tout dans les contrées, qui sont restées soumises au Pontife Romain, que le sacerdoce a toujours joui du plus haut degré de richesses & de pouvoir. La crédulité leur soumit les Rois eux-mêmes; ceux-ci ne furent que les exécuteurs de leurs volontés souvent cruelles; ils furent prêts à tirer le glaive, toutes les fois que le prêtre l'ordonna *. Les Monarques de la secte Romaine, plus aveugles que tous les autres, eurent, dans les ministres de l'Eglise, une confiance imprudente, qui fut cause, que presque toujours ils se prêterent à leurs vues intéressées. Cette secte effaça toutes les autres, par ses fureurs intolérantes, & ses persécutions atroces. Son humeur turbulente & cruelle la rendit justement odieuse aux nations moins

---

* *Ad nutum sacerdotis*, comme a dit le doux S. Bernard.

déraiſonnables, c'eſt-à-dire, moins Chrétiennes *.

N'en ſoyons point étonnés, la religion Romaine fut purement inventée pour rendre le ſacerdoce tout-puiſſant; ſes prêtres eurent le talent de s'identifier avec la Divinité, leur cauſe fut toujours la ſienne, leur gloire devint la gloire de Dieu, leurs déciſions furent des oracles divins, leurs biens appartinrent au royaume du ciel; leur

* Dieu rejette les tiédes; tout Chrétien doit avoir du zèle, puiſqu'il doit aimer tendrement ſon Dieu. Un Roi très-Chrétien doit tout exterminer, plutôt que de ſouffrir que ſes ſujets offenſent ſon Dieu. Philippe II & Louis XIV furent des Rois vraiment Chrétiens. Les Anglois & les Hollandois ſont des Chrétiens tiédes & lâches, qui préférent la proſpérité de l'Etat & du commerce aux intérêts de la religion. Dans le chriſtianiſme, tolérance & indifférence pour la religion, ſont devenus des ſynonymes. Comment peut-on embraſſer le parti de la tolérance, dans une religion, dont le fondateur a dit: *Qui n'eſt point avec moi, eſt contre moi.*

orgueil, leur avarice, leurs cruautés, furent légitimés par les intérêts de leur céleste maître : bien plus, dans cette secte le prêtre vit son Souverain à ses pieds, lui faire un humble aveu de ses fautes, & lui demander d'être réconcilié avec son Dieu. Rarement vit-on le prêtre user de son ministere sacré pour le bonheur des peuples; il ne songea point à reprocher aux Monarques l'abus injuste de leur pouvoir, les miséres de leurs sujets, les pleurs des opprimés; trop timide, ou trop bon courtisan, pour faire tonner la vérité dans leurs oreilles, il ne leur parle point de ces véxations multipliées sous lesquelles les nations gémissent, de ces impôts onéreux qui les accablent, de ces guerres inutiles qui les détruisent, de ces invasions perpétuelles des droits du citoyen; ces objets n'intéressent point l'Eglise, qui seroit au moins de quelque utilité, si elle employoit son pouvoir pour mettre un frein aux excès des tyrans superstitieux *. Les terreurs de l'autre monde seroient des mensonges pardonnables, si elles servoient à faire trembler les Rois. Ce ne fut point là l'objet des ministres de la religion ; ils ne stipulerent presque jamais les intérêts des peuples ; ils encenserent la tyrannie ; ils eurent de l'indulgence pour ses crimes réels ; ils lui fournirent des expiations aisées ; ils lui promirent le pardon du ciel, si elle entroit avec chaleur dans ses querelles. Ainsi, dans la religion Romaine, le sacerdoce régna sur les Rois ; il fut par conséquent assuré de régner sur les sujets. La superstition & le despotisme firent donc une alliance éternelle, & réunirent leurs efforts, pour rendre les peuples escla-

* Le Maréchal de D** disoit à Louis XIV : *Je conçois bien que Votre Majesté trouve un Confesseur, qui, pour avoir du crédit, lui donne l'absolution ; mais je ne conçois pas comment le pere le Tellier trouve quelqu'un pour l'absoudre lui-même.*

ves & malheureux. Le prêtre subjugua les sujets, par des terreurs religieuses, pour que le Souverain pût les dévorer; celui-ci, en récompense, accorda au prêtre la licence, l'opulence, la grandeur, & s'engagea à détruire tous ses ennemis *.

Que dirons-nous de ces docteurs, que les Chrétiens appellent *Casuistes*; de ces prétendus moralistes, qui ont voulu mesurer jusqu'où la créature peut, sans risquer son salut, offenser son créateur? Ces hommes profonds ont enrichi la morale Chrétienne d'un ridicule tarif de péchés; ils savent le de-

* Les nations catholiques sont les plus ignorantes & les plus esclaves de l'Europe; l'esclavage religieux entraîne l'esclavage politique. Les prêtres de l'Eglise Romaine semblent faire aux Souverains la même propositior que le diable fit à Jésus-Christ, lorsqu'il le tenta dans le désert. *Hæc omnia tibi dabo, si cadens adoraveris me.* Nous te livrerons tous tes sujets pieds & poings liés, si tu veux te soumettre à nos fantaisies.

gré de colére que chaque péché excite dans la bile de l'Etre suprême. La vraie morale n'a qu'une mesure pour juger des fautes des hommes ; les plus graves sont celles qui nuisent le plus à la société. La conduite, qui fait tort à nous-mêmes, est imprudente & déraisonnable ; celle qui nuit aux autres, est injuste & criminelle.

Tout, jusqu'à l'oisiveté même, est récompensé dans les prêtres du christianisme. De ridicules fondations font subsister dans l'aisance une foule de fainéans, qui dévorent la société, sans lui prêter aucun secours. Les peuples, déja accablés par des impôts, sont encore tourmentés par des sangsues, qui leur font acheter chérement des prieres inutiles, ou qu'ils font négligemment ; tandis que l'homme à talens, le sçavant industrieux, le militaire courageux, languissent dans l'indigence, ou n'ont que le nécessaire, des moines paresseux, & des prêtres oisifs,

oisifs, jouissent d'une abondance honteuse pour les Etats qui la tolérent *.

En un mot, le christianisme rend les sociétés complices de tous les maux que leur font les ministres de la Divinité ; ni l'inutilité de leurs prieres, prouvée par l'expérience de tant de siécles, ni les effets sanglans de leurs funestes disputes, ni même leurs débordemens & leurs excès, n'ont encore pu détromper les nations de ces hommes divins, à l'existence desquels elles ont la simplicité de croire leur salut attaché.

---

* La satyre la plus forte, qui ait jamais été faite des prêtres du christianisme, est contenue dans *S. Matthieu, ch. 23*. Tout ce que le Christ y dit des Scribes & des Pharisiens, convient exactement à nos prêtres. Dans la parabole du Samaritain, Jésus-Christ nous fait entendre que les prêtres sont de tous les hommes les moins humains. Il est rare, parmi nous, que les mendians s'adressent à un ecclésiastique.

## CHAPITRE XVI. & *dernier.*

### *CONCLUSION.*

TOUT ce qui a été dit jusqu'ici, prouve, de la façon la plus claire, que la religion Chrétienne est contraire à la saine politique & au bien être des nations. Elle ne peut être avantageuse que pour des Princes dépourvus de lumieres & de vertus, qui se croiront obligés de régner sur des esclaves, & qui, pour les dépouiller & les tyranniser impunément, se ligueront avec le sacerdoce, dont la fonction fut toujours de les tromper au nom du ciel. Mais ces Princes imprudens doivent se souvenir, que pour réussir dans leurs projets, ils ne peuvent se dispenser d'être eux-mêmes les esclaves des prêtres, qui tourneroient infailliblement contre eux leurs armes sacrées, s'ils leur manquoient de soumission, ou s'ils refusoient de servir leurs passions.

Nous avons vu plus haut, que la religion Chrétienne, par ses vertus fanatiques, par ses perfections insensées, par son zèle, n'est pas moins nuisible à la saine morale, à la droite raison, au bonheur des individus, à l'union des familles. Il est aisé de sentir qu'un Chrétien, qui se propose un Dieu lugubre & souffrant, pour modéle, doit s'affliger sans cesse, & se rendre malheureux. Si ce monde n'est qu'un passage, si cette vie n'est qu'un pélerinage, il seroit bien insensé de s'attacher à rien ici bas. Si son Dieu est offensé, soit par les actions, soit par les opinions de ses semblables, il doit, s'il en a le pouvoir, les en punir avec sévérité, sans cela il manqueroit de zèle & d'affection pour ce Dieu. Un bon Chrétien doit, ou fuir le monde, ou s'y rendre incommode à lui-même & aux autres.

Ces réfléxions peuvent suffire pour répondre à ceux qui prétendent que le christianisme est utile à la politique & à la morale, & que, sans la religion, l'homme ne peut avoir de vertus, ni être un bon citoyen. L'inverse de cette proposition est sans doute bien plus vraie, & l'on peut assurer, qu'un Chrétien parfait, qui seroit conséquent aux principes de sa religion, qui voudroit imiter fidélement les hommes divins qu'elle lui propose comme des modéles, qui pratiqueroit des austérités, qui vivroit dans la solitude, qui porteroit leur enthousiasme, leur fanatisme, leur entêtement dans la société, un tel homme, dis-je, n'auroit aucunes vertus réelles, seroit, ou un membre inutile à l'Etat, ou un citoyen incommode & dangereux *.

* Nos prêtres ne cessent de criailler contre les incrédules & les philosophes, qu'ils traitent de *sujets dangereux*. Cependant, si l'on ouvre l'histoire, on ne trouve jamais que des philosophes aient causé des révolutions dans les Etats; mais, en revanche, on ne voit aucune révo-

A en croire les partiſans du chriſtianiſme, il ſembleroit qu'il n'exiſte point de morale dans les pays où cette religion n'eſt point établie : cependant, un coup d'œil ſuperficiel ſur le monde, nous prouve qu'il y a des vertus partout; ſans elles, aucune ſociété politique ne pourroit ſubſiſter. Chez les Chinois, les Indiens, les Mahométans, il exiſte, ſans doute, de bons peres, de bons maris, des enfans dociles & reconnoiſſans, des ſujets fidéles à leurs Princes, & les gens de bien y ſeroient, ainſi que parmi nous, plus nombreux, s'ils étoient bien gouver-

---

lution, dans laquelle les gens d'Egliſe n'aient trempé. Le Dominicain, qui empoiſonna l'Empereur Henri VI dans une hoſtie, Jacques Clément, Ravaillac, n'étoient point des incrédules. Ce n'étoit point des philoſophes, c'étoit des Chrétiens fanatiques, qui mirent Charles premier ſur l'échaffaut. C'eſt le miniſtre Gomare, & non pas Spinoſa, qui mit la Hollande en feu, &c. &c. &c.

nés, & si une sage politique, au lieu de leur faire enseigner, dès l'enfance, des religions insensées, leur donnoit des loix équitables, leur faisoit enseigner une morale pure, & non dépravée par le fanatisme, les invitoit à bien faire, par des récompenses, & les détournoit du crime, par des châtimens sensibles.

En effet, je le répète, il semble que par-tout la religion n'ait été inventée, que pour épargner aux Souverains le soin d'être justes, de faire de bonnes loix, & de bien gouverner. La religion est l'art d'enivrer les hommes de l'enthousiasme, pour les empêcher de s'occuper des maux, dont ceux qui les gouvernent, les accablent ici bas. A l'aide des puissances invisibles, dont on les menace, on les force de souffrir en silence les miséres dont ils sont affligés par les puissances visibles ; on leur fait espérer, que s'ils consentent à être malheureux en ce monde, ils seront plus heureux dans un autre.

C'eſt ainſi que la religion eſt devenue le plus grand reſſort d'une politique injuſte & lâche, qui a cru qu'il falloit tromper les hommes, pour les gouverner plus aiſément. Loin des Princes éclairés & vertueux des moyens ſi bas; qu'ils apprennent leurs véritables intérêts; qu'ils ſachent qu'ils ſont liés à ceux de leurs ſujets; qu'ils ſachent qu'ils ne peuvent être eux-mêmes réellement puiſſans, s'ils ne ſont pas ſervis par des citoyens courageux, actifs, induſtrieux & vertueux, attachés à la perſonne de leurs maîtres; que ces maîtres ſachent enfin, que l'attachement de leurs ſujets ne peut être fondé que ſur le bonheur qu'on leur procure. Si les Rois étoient pénétrés de ces importantes vérités, ils n'auroient beſoin, ni de religion, ni de prêtres, pour gouverner les nations. Qu'ils ſoient juſtes, qu'ils ſoient équitables, qu'ils ſoient exacts à récompenſer les talens & les vertus, & à décourager l'inutilité, les vices & le crime, & bientôt leurs Etats se rempliront de citoyens utiles, qui sentiront que leur propre intérêt les invite à servir la patrie, à la défendre, à chérir le Souverain, qui sera l'instrument de sa félicité; ils n'auront besoin, ni de révélation, ni de mystères, ni de paradis, ni d'enfer, pour remplir leurs devoirs.

La morale sera toujours vaine, si elle n'est appuyée par l'autorité suprême. C'est le Souverain qui doit être le souverain Pontife de son peuple; c'est à lui seul qu'il appartient d'enseigner la morale, d'inviter à la vertu, de forcer à la justice, de donner de bons exemples, de réprimer les abus & les vices. Il affoiblit sa puissance, dès qu'il permet qu'il s'élève, dans ses Etats, une puissance, dont les intérêts sont divisés des siens, dont la morale n'a rien de commun avec celle qui est nécessaire à ses sujets, dont les principes ſont directement contraires à ceux qui ſont utiles à la ſociété. C'eſt pour s'être repoſés de l'éducation, ſur des prêtres enthouſiaſtes & fanatiques, que les Princes Chrétiens n'ont dans leurs Etats que des ſuperſtitieux, qui n'ont d'autre vertu qu'une foi aveugle, un zèle emporté, une ſoumiſſion peu raiſonnée à des cérémonies puériles, en un mot, des notions bizarres, qui n'influent point ſur leur conduite, ou ne la rendent point meilleure.

En effet, malgré les heureuſes influences qu'on attribue à la religon Chrétienne, voyons-nous plus de vertus dans ceux qui la profeſſent, que dans ceux qui l'ignorent? Les hommes, rachetés par le ſang d'un Dieu même, ſont-ils plus juſtes, plus réglés, plus honnêtes que d'autres? Parmi ces Chrétiens, ſi perſuadés de leur religion, ſans doute qu'on ne trouve point d'oppreſſions, de rapines, de fornications, d'adultères? Parmi ces courtifans pleins de foi, on ne voit, ni intrigues, ni perfidies, ni calomnies ? Parmi ces prêtres, qui annoncent aux autres des dogmes redoutables, des châtimens terribles, comment trouveroit-on des injuftices, des vices, des noirceurs ? Enfin, font-ce des incrédules, ou *des efprits forts*, que ces malheureux, que leurs excès font tous les jours conduire au fupplice ? Tous ces hommes font des Chrétiens, pour qui la religion n'eft point un frein, qui violent fans ceffe les devoirs les plus évidens de la morale, qui offenfent fciemment un Dieu qu'ils favent avoir irrité, & qui fe flattent, à la mort, de pouvoir, par un repentir tardif, appaifer le ciel, qu'ils ont outragé pendant tout le cours de leur vie.

Nous ne nierons point cependant, que la religion Chrétienne ne foit quelquefois un frein pour quelques ames timorées, qui n'ont point la fougue, ni l'énergie malheureuſe, qui font commettre les grands crimes, ni l'endurciſſement, que l'habitude du vice fait contracter. Mais ces ames timides euſſent été honnêtes, même ſans religion; la crainte de ſe rendre odieux à leurs ſemblables, d'encourir le mépris, de perdre leur réputation, euſſent également retenu des hommes de cette trempe. Ceux qui ſont aſſez aveugles pour fouler aux pieds ces conſidérations, les mépriſeront également, malgré toutes les menaces de la religion.

On ne peut pas nier non plus, que la crainte d'un Dieu, qui voit ſes penſées les plus ſecrettes des hommes, ne ſoit un frein pour bien des gens; mais ce frein ne peut rien ſur les fortes paſſions, dont le propre eſt d'aveugler ſur tous les objets nuiſibles à la ſociété. D'un autre côté, un homme habituellement honnête, n'a pas beſoin d'être vu, pour bien faire; il craint d'être obligé de ſe mépriſer lui-même, d'être forcé de se haïr, d'éprouver des remords, sentimens affreux pour quiconque n'est pas endurci dans le crime. Que l'on ne nous dise point, que, sans la crainte de Dieu, l'homme ne peut éprouver des remords. Tout homme, qui a reçu une éducation honnête, est forcé d'éprouver en lui-même un sentiment douloureux, mêlé de honte & de crainte, toutes les fois qu'il envisage les actions deshonorantes, dont il a pu se souiller : il se juge souvent lui-même, avec plus de sévérité que ne feroient les autres; il redoute les regards de ses semblables; il voudroit se fuir lui-même, & c'est là ce qui constitue les remords.

En un mot, la religion ne met aucun frein aux passions des hommes, que la raison, que l'éducation, que la saine morale ne puissent y mettre bien plus efficacement. Si les méchans étoient assurés d'être punis, toutes les fois qu'il leur vient en pensée de commettre une action deshonnête, ils se-roient forcés de s'en désister. Dans une société bien constituée, le mépris devroit toujours accompagner le vice, & les châtimens suivre le crime; l'éducation, guidée par les intérêts publics, devroit toujours apprendre aux hommes à s'estimer eux-mêmes, à redouter le mépris des autres, à craindre l'infamie plus que la mort. Mais cette morale ne peut être du goût d'une religion, qui dit de se mépriser, de se haïr, de fuir l'estime des autres, de ne chercher à plaire qu'à un Dieu, dont la conduite est inexplicable.

Enfin, si la religion Chrétienne est, comme on le prétend, un frein aux crimes cachés des hommes, si elle opére des effets salutaires sur quelques individus, ces avantages si rares, si foibles, si douteux, peuvent-ils être comparés aux maux visibles, assurés & immenses, que cette religion a produits sur la terre? Quelques crimes obscurs prévenus, quelques conversions inutiles à la société, quelques repentirs stériles & tardifs, quelques futiles restitutions, peuvent-ils entrer dans la balance vis-à-vis des dissensions continuelles, des guerres sanglantes, des massacres affreux, des persécutions, des cruautés inouies, dont la religion Chrétienne fut la cause & le prétexte depuis sa fondation? Contre une pensée secrette que cette religion fait étouffer, elle arme des nations entieres pour leur destruction réciproque; elle porte l'incendie dans le cœur d'un million de fanatiques; elle met le trouble dans les familles & dans les Etats; elle arrose la terre de larmes & de sang. Que le bon sens décide, après cela, des avantages que procure aux Chrétiens la *bonne nouvelle* que leur Dieu est venu leur annoncer.

Beaucoup de personnes honnêtes, & convaincues des maux que le christianisme fait aux hommes, ne laissent pas de le regarder comme un mal nécessaire, & que l'on ne pourroit, sans danger, chercher à déraciner. L'homme, nous disent-ils, est superstitieux; il lui faut des chimères; il s'irrite, lorsqu'on veut les lui ôter. Mais je réponds, que l'homme n'est superstitieux, que parce que dès l'enfance tout contribue à le rendre tel; il attend son bonheur de ses chimères, parce que son gouvernement trop souvent lui refuse des réalités; il ne s'irritera jamais contre ses Souverains, quand ils lui feront du bien; ceux-ci seront alors plus forts que les prêtres & que son Dieu.

En effet, c'est le Souverain seul qui peut ramener les peuples à la raison; il obtiendra leur confiance & leur amour, en leur faisant du bien; il les détrompera peu-à-peu de leurs chimères, s'il en est lui-même détrompé; il empêchera la superstition de nuire, en la méprisant, en ne se mêlant jamais de ses futiles querelles, en la divisant, en autorisant la tolérance des différentes sectes, qui se battront réciproquement, qui se démasqueront, qui se rendront mutuellement ridicules: enfin, la superstition tombera d'elle-même, si le Prince, rendant aux esprits la liberté, permet à la raison de combattre ses folies. La vraie tolérance & la liberté de penser sont les véritables contrepoisons du fanatisme religieux; en les mettant en usage, un Prince sera toujours le maître dans ses Etats; il ne partagera point sa puissance avec des prêtres séditieux, qui n'ont point de pouvoir contre un Prince éclairé, ferme & vertueux. L'imposture est timide, les armes lui tombent des mains à l'aspect d'un Monarque qui ose la mépriser, & qui est soutenu par l'amour de ses peuples & par la force de la vérité.

Si une politique criminelle & ignorante a presque partout fait usage de la religion, pour asservir les peuples,

& les rendre malheureux, qu'une politique vertueuse & plus éclairée l'affoiblisse & l'anéantisse peu-à-peu, pour rendre les nations heureuses ; si jusqu'ici l'éducation n'a servi qu'à former des enthousiastes & des fanatiques, qu'une éducation plus sensée forme de bons citoyens ; si une morale, étayée par le merveilleux, & fondée sur l'avenir, n'a point été capable de mettre un frein aux passions des hommes, qu'une morale, établie sur les besoins réels & présens de l'espéce humaine, leur prouve que, dans une société bien constituée, le bonheur est toujours la récompense de la vertu ; la honte, le mépris & les châtimens, sont la solde du vice & les compagnons du crime.

Ainsi, que les Souverains ne craignent point de voir leurs sujets détrompés d'une superstition qui les asservit eux-mêmes, & qui, depuis tant de siécles, s'oppose au bonheur de leurs Etats. Si l'erreur est un mal, qu'ils lui oppoſent la vérité; ſi l'enthouſiaſme eſt nuiſible, qu'ils le combattent avec les armes de la raiſon; qu'ils reléguent en Aſie une religion enfantée par l'imagination ardente des Orientaux; que notre Europe ſoit raiſonnable, heureuſe & libre; qu'on y voye régner les mœurs, l'activité, la grandeur d'ame, l'induſtrie, la ſociabilité, le repos; qu'à l'ombre des loix, le Souverain commande & le ſujet obéiſſe; que tous deux jouiſſent de la ſûreté. N'eſt-il donc point permis à la raiſon d'eſpérer qu'elle répandra quelque jour un pouvoir depuis ſi longtems uſurpé par l'erreur, l'illuſion & le preſtige? Les nations ne renonceront-elles jamais à des eſpérances chimériques, pour ſonger à leurs véritables intérêts? Ne ſecoueront-elles jamais le joug de ces prêtres hautains, de ces tyrans ſacrés, qui ſeuls ſont intéreſſés aux erreurs de la terre? Non, gardons-nous de le croire; la vérité doit à la fin triompher du menſonge ; les Princes & les peuples, fatigués de leur crédulité, recourront à elle ; la raiſon briſera leurs chaînes ; les fers de la ſuperſtition ſe rompront à ſa voix ſouveraine, faite pour commander ſans partage à des êtres intelligens. *Amen.*



FIN.

Dépôt légal : 2ème trimestre 1972

www.ingramcontent.com/pod-product-compliance
Ingram Content Group UK Ltd.
Pitfield, Milton Keynes, MK11 3LW, UK
UKHW020432200726
13857UKWH00002B/388

9 782012 850194